COLLECTION FOLIO

Anton Tchékhov

Les méfaits du tabac

et autres pièces en un acte

Traduit du russe et annoté
par Elsa Triolet

Gallimard

Ces pièces sont extraites d'*Œuvres*, tome I
(Bibliothèque de la Pléiade, Éditions Gallimard).

Anton Pavlovitch Tchékhov est né à Taganrog le 17 janvier 1860. Étudiant en médecine à Moscou, il compose divers textes pour des revues humoristiques et écrit nouvelles et pièces, dont *Platonov*. Médecin en 1884, il publie la même année à compte d'auteur un premier recueil, qui sera rapidement suivi de plusieurs autres, et collabore, à partir de 1886, au journal *Temps nouveau*, tout en rédigeant *Ivanov*. Suivra l'écriture de *La Steppe*, œuvre très largement saluée par ses contemporains ainsi que de pièces en un acte dont *Le chant du cygne* et *Une demande en mariage*. À vingt-huit ans, lui est descerné, par un jury unanime, le prix Pouchkine pour *Dans le crépuscule*. Après un voyage à Sakhaline, et l'observation des conditions de vie de ses bagnards, expérience dont il témoignera dans *L'Île de Sakhaline* publié en 1893, puis différents séjours en Europe (en France, en Autriche, en Italie), il s'installe au sud de Moscou, à Mélikhovo, qui sera pour l'écrivain-médecin un lieu d'écriture et d'engagement notamment dans la lutte contre le choléra. En 1898, *La Mouette* est applaudi par le public moscovite ; Tchékhov emménage à Yalta, sans toutefois cesser de voyager. 1899 compte la publication de *La Dame au petit chien* ainsi que la création, au Théâtre d'Art de Moscou, d'*Oncle Vania* suivie de celles, à quelques années d'intervalle, des *Trois Sœurs* et de *La Cerisaie*. En 1901, il épouse l'une des interprètes de ses rôles féminins, la comédienne Olga Knipper. Atteint de tuberculose, il quitte la Russie pour l'Allemagne en 1904, rejoignant, souffrant, la station thermale de Badenweiler. Il s'y éteint le 2 juillet, à l'âge de quarante-quatre ans.

Lisez ou relisez les livres d'Anton Tchékhov en Folio :

LA MOUETTE – CE FOU DE PLATONOV – IVANOV – LES TROIS SŒURS (Folio Classique n° 393)

LE SAUVAGE – ONCLE VANIA – LA CERISAIE – NEUF PIÈCES EN UN ACTE (Folio Classique n° 521)

LE DUEL *suivi de* LUEURS, UNE BANALE HISTOIRE, MA VIE *et de* LA FIANCÉE (Folio Classique n° 1433)

LA DAME AU PETIT CHIEN – L'ÉVÊQUE – LA FIANCÉE (Folio Bilingue n° 31)

LA DAME AU PETIT CHIEN *et autres nouvelles* (Folio Classique n° 3266)

L'ÎLE DE SAKHALINE (Folio Classique n° 3547)

LA STEPPE – SALLE 6 – L'ÉVÊQUE (Folio Classique n° 3847)

UNE BANALE HISTOIRE (Folio 2 € n° 4105)

SALLE 6 (Folio Bilingue n° 137)

RÉCIT D'UN INCONNU *et autres nouvelles* (Folio Classique n° 4692)

UN ROYAUME DE FEMMES *suivi de* DE L'AMOUR (Folio 2 € n° 4847)

PLATONOV (Folio Théâtre n° 163)

LES GROSEILLIERS *et autres nouvelles* (Folio 2 € n° 5999)

Le chant du cygne

(Calchas)

(1887-1888)

ÉTUDE DRAMATIQUE EN UN ACTE

PERSONNAGES

VASSILI VASSILITCH SVETLOVIDOV, *vieil acteur comique.*

NIKITA IVANITCH, *vieux souffleur.*

L'action se passe sur la scène vide d'un théâtre de deuxième ordre, en province. C'est la nuit, après le spectacle. À droite, une rangée de portes en planches mal jointes menant aux loges d'artistes ; le côté gauche et le fond de la scène sont encombrés d'un fatras d'objets divers. Au milieu de la scène, un tabouret renversé. Il fait noir.

SCÈNE I

SVETLOVIDOV, *en costume de Calchas, une bougie à la main, sort d'une loge d'artiste, riant aux éclats.*

SVETLOVIDOV

Tu parles d'une histoire ! Tu parles d'une affaire ! Je me suis endormi dans ma loge ! Le spectacle est depuis longtemps terminé, tout le monde est parti, et moi, le plus tranquillement du monde, je pique un petit roupillon. Ah ! vieille savate, vieille savate ! Vieux chien que tu es ! C'est donc que tu t'es soûlé la gueule au point de t'endormir assis ! Parfait ! Félicitations, mon bonhomme. (*Il crie.*) Égorka ! Égorka ! Que diable ! Pétrouchka ! Ils dorment, les cochons, que cent diables et une sorcière les patafiolent ! Égorka ! (*Il relève le tabouret, s'assied dessus et pose la bougie par terre.*) On n'entend rien… Rien que l'écho. Égorka et Pétrouchka ont eu de moi trois roubles par tête pour leur zèle, et maintenant tu peux toujours courir, pour les retrouver… Ils ont filé, et ont dû fermer le théâtre à clef, les salauds… (*Il hoche la tête.*) Soûl ! Ouf ! Qu'est-ce que j'ai pu m'envoyer, sous prétexte de gala, comme vin et comme bière… Dieu de Dieu ! J'ai des vapeurs d'alcool brûlé dans tout le corps et dans la bouche cette langue pâteuse… C'est dégoûtant… (*Une pause.*) Est-ce bête… Qu'est-ce qui t'a pris de te soûler, vieil imbécile, qu'est-ce que tu avais donc à fêter… Ouf, mon Dieu !… J'ai mal aux reins, la tête qui éclate, j'ai des frissons et à l'intérieur de moi, il fait froid et noir comme dans une cave. Si tu te fiches de ta santé, tu pourrais au moins avoir pitié de ta vieillesse, monsieur le bouffon… (*Une pause.*) La vieillesse… Tu as beau te raconter des histoires, jouer au plus fort et faire l'imbécile, la vie est quand même déjà derrière toi… soixante-huit ans, tu-tu ! au revoir, messieurs-dames ! Ce qui a été ne sera plus. La bouteille est vide, il n'y reste plus qu'un tout petit fond… Rien que de la lie… Eh quoi… C'est ainsi que va le monde, mon Vassili… Que cela te plaise ou non, il est temps pour toi de répéter le rôle du mort. La mort, la petite mère, n'est pas loin… (*Il regarde devant lui.*) Je travaille au théâtre depuis quarante-cinq ans, et, pourtant, je crois que c'est la première fois que j'en vois un la nuit. Oui, pour la première fois… Une drôle de chose, ma parole… (*Il s'approche de la rampe.*) On n'y voit goutte… À peine si l'on distingue la boîte du souffleur… une avant-scène, un pupitre… tout le reste est dans le noir complet ! Un trou noir, sans fond, comme une tombe, dans laquelle se cache la mort elle-même… Brr !… On gèle ! Il vient de la salle un courant d'air comme d'une cheminée… L'endroit idéal pour évoquer les esprits ! Ça vous fait peur, diantre… J'en ai la chair de poule… (*Il crie.*) Égorka ! Pétrouchka ! Où êtes-vous, fichus diables ? Seigneur, qu'est-ce que j'ai à évoquer le Malin ? Ah ! mon Dieu, cesse de radoter, cesse de boire, tu es vieux, et il est temps de mourir... À soixante-huit ans, les gens vont à matines, se préparent à la mort, et toi... Ah ! Seigneur ! Des mots malsonnants, une gueule d'ivrogne, ce costume de pitre... À vomir ! Je vais vite aller m'habiller... Je suis mal à mon aise... Rester ici toute la nuit, mais il y a de quoi mourir de peur...

Il se dirige vers sa loge ; au même moment, sortant de la loge la plus éloignée, au fond de la scène, apparaît Nikita Ivanitch, en blouse blanche.

SCÈNE II

SVETLOVIDOV, *apercevant Nikita Ivanitch, pousse un cri de terreur et recule.*

Qui es-tu ? Pourquoi ? Que veux-tu ? (*Il tape du pied.*) Qui es-tu ?

NIKITA IVANITCH

C'est moi.

SVETLOVIDOV

Qui, moi ?...

NIKITA IVANITCH, *s'approchant lentement de lui.*

C'est moi... Le souffleur, Nikita Ivanitch... Vassil Vassilitch, c'est moi !

SVETLOVIDOV, *épuisé, se laisse tomber sur le tabouret, haletant et tremblant de tous ses membres.*

Mon Dieu ! Qui est-ce ? C'est toi... toi, Nikitouchka ? Pourquoi es-tu là ?

NIKITA IVANITCH

Je couche ici, dans les loges. Seulement n'en dites rien à Alexeï Fomitch... Je n'ai pas où coucher, c'est la vraie vérité, comme devant Dieu...

SVETLOVIDOV

C'est toi, Nikitouchka... Mon Dieu, mon Dieu ! Seize rappels, trois couronnes, des cadeaux, des cadeaux, tout le monde en extase, et pas une âme pour vous réveiller un vieil homme ivre et vous le ramener chez lui... Je suis un vieil homme, Nikitouchka... J'ai soixante-huit ans... Malade ! Mon âme transie est dans l'angoisse... (*Il s'appuie contre le bras du souffleur et pleure.*) Ne t'en va pas, Nikitouchka... Je suis vieux, impotent, il faut mourir... J'ai peur, j'ai peur !

NIKITA IVANITCH, *tendrement et respectueusement.*

Vassili Vassilitch, il est temps pour vous de rentrer à la maison.

SVETLOVIDOV

Je ne veux pas rentrer. Je n'ai pas de maison... non, non, non !

NIKITA IVANITCH

Mon Dieu ! Vous ne savez même plus où vous habitez ?

SVETLOVIDOV

Je ne veux pas y aller, je ne veux pas ! J'y serais seul... Je n'ai personne, Nikitouchka, ni parents, ni femme, ni gosses... Seul, comme le vent dans la plaine... Quand je serai mort, il n'y aura personne pour se souvenir... J'ai peur tout seul... Personne pour me réchauffer, me faire une caresse, me mettre au lit quand je suis soûl... À qui est-ce que j'appartiens ? Qui a besoin de moi ? Qui est-ce qui m'aime ? Personne ne m'aime, Nikitouchka !

NIKITA IVANITCH, *à travers les larmes.*

Le public vous aime, Vassil Vassilitch !

SVETLOVIDOV

Le public est parti, le public dort et a oublié son bouffon. Non, personne n'a besoin de moi, personne ne m'aime... Je n'ai ni femme ni enfants...

NIKITA IVANITCH

Ça, c'est pas des choses à regretter...

SVETLOVIDOV

Mais je suis un être humain, je suis vivant, j'ai du sang dans les veines et non pas de l'eau ! J'appartiens à la noblesse, Nikitouchka, de bonne souche... Avant de tomber dans ce trou, j'étais dans l'armée, dans l'artillerie... Quel gaillard je faisais, beau, franc, brave, plein d'ardeur... Seigneur, où tout cela s'est-il évanoui ? Et, plus tard, quel acteur j'ai été, hein, Nikitouchka ? (*Il se lève, s'appuyant sur le bras du souffleur.*) Où tout cela s'est-il évanoui, où est-il ce temps-là ? Mon Dieu ! Aujourd'hui j'ai regardé le fond de ce trou et je me suis tout rappelé, tout. Ce trou m'a dévoré quarante-cinq ans de ma vie, et de quelle vie, Nikitouchka ! Je regarde maintenant ce trou et je vois tout, dans le détail, comme ton visage. Les enthousiasmes de la jeunesse, la foi, l'ardeur, l'amour des femmes ! Les femmes, Nikitouchka…

NIKITA IVANITCH

Allez vous coucher, Vassili Vassilitch, il est grand temps.

SVETLOVIDOV

Quand j'étais jeune acteur, quand je commençais seulement à prendre mon élan avec fougue, il y en a une – je m'en souviens – qui s'était mise à m'aimer pour mon art… Gracieuse, élancée comme un peuplier, jeune, innocente, pure et ardente comme l'aube en été ! Il n'y a pas de nuit qui aurait pu résister au regard de ses yeux bleus, à son merveilleux sourire. Les vagues de la mer se brisent contre les rochers, mais contre les vagues de sa chevelure se seraient brisés des rocs, des montagnes de glace et de neige. Une fois, je me rappelle, j'étais là, devant elle, comme maintenant devant toi… Elle était ce jour-là plus belle que jamais, elle me regardait, et même dans la tombe je ne saurais oublier ce regard… Caresse, velours, profondeur, éclat de la jeunesse ! Enivré, heureux, je tombe à genoux devant elle et je la supplie de me donner le bonheur… (*Il continue d'une voix découragée.*)

Et elle, elle me dit : « Quittez le théâtre ! Quittez le thé-â-tre ! » Tu comprends ? Elle pouvait aimer un acteur, mais devenir sa femme – jamais ! Je me rappelle, le soir je jouais… Le rôle était d'une bassesse, d'une vulgarité… Je jouais et je sentais mes yeux se dessiller… J'ai compris alors que l'art sacré n'existait pas, que tout n'était que délire et duperie, que j'étais un esclave, une distraction pour oisifs, un bouffon, un pitre ! Je l'ai compris alors, le public ! Depuis, je ne crois plus ni aux applaudissements, ni aux fleurs, ni à la folle admiration… Oui, Nikitouchka ! Il m'applaudit, le public, il achète pour un rouble ma photographie, mais je suis un étranger pour lui, je suis pour lui de la boue, quelque chose comme une cocotte !… Il cherche à faire ma connaissance parce que cela le flatte, mais il ne s'abaisserait pas jusqu'à me laisser épouser sa sœur, sa fille… Non, je ne lui fais pas confiance, au public ! (*Il se laisse tomber sur le tabouret.*) Non !

NIKITA IVANITCH

Vous avez une tête de l'autre monde, Vassil Vassilitch ! À vous écouter, j'en tremble moi-même… Allons, rentrons, soyez gentil…

SVETLOVIDOV

Ce soir-là, j'ai vu clair… et cette clairvoyance m'a coûté cher, Nikitouchka ! Après cette histoire… après cette jeune fille… je me suis mis à traîner, à gâcher ma vie, sans m'occuper de l'avenir… Je faisais le bouffon, le pitre, je cabotinais, je pervertissais les esprits, et, pourtant, quel artiste j'ai été, quel talent j'ai eu ! J'ai enterré mon talent, j'ai défiguré, rendu vulgaire mon langage, j'ai perdu forme et semblance humaines... Ce trou noir m'a bouffé, avalé ! Je ne le sentais pas jusqu'ici, mais aujourd'hui... je me suis réveillé, j'ai regardé en arrière, et j'y ai trouvé soixante-huit ans ! Je viens seulement d'apercevoir la vieillesse ! Ma chanson est finie ! (*Il sanglote.*) Finie !

NIKITA IVANITCH

Vassil Vassilitch ! Mon petit père, mon bon... Calmez-vous... Mon Dieu ! (*Il crie.*) Pétrouchka ! Égorka !

SVETLOVIDOV

Et quel talent, quelle force ! Tu ne peux t'imaginer... La diction, l'expression des sentiments, la grâce, la multiplicité des cordes... (*Il se bat la poitrine.*) Tout ce qu'il y a eu dans cette poitrine ! De quoi étouffer !... Écoute, vieux, écoute... attends, laisse-moi reprendre mon souffle... Prenons *Godounov*[1], par exemple :

L'ombre du terrible m'a adopté
C'est elle qui, de son tombeau, m'a nommé Dmitri !
Qui a remué les peuples autour de moi,
Qui m'a livré Boris pour victime.
Je suis tsarévitch, c'en est assez. J'ai honte de m'abaisser
Plus longtemps devant une orgueilleuse Polonaise.

Hein ? ce n'est pas si mal ? (*Vivement.*) Attends... Voilà *Le Roi Lear*... Imagine un ciel noir, la pluie, le tonnerre... r-r-r-r ! Les éclairs... dz-z-z-z !... qui traversent le ciel, et alors[2]...

1. Pouchkine : *Boris Godounov*, traduction d'Ivan Tourguéniev et Louis Viardot.
2. Les traductions de Shakespeare sont de François-Victor Hugo.

Vents, soufflez à crever vos joues ! Faites rage ! soufflez ! Cataractes et ouragans, dégorgez-vous – jusqu'à ce que vous ayez submergé nos clochers et noyé leurs coqs ! Vous, éclairs sulfureux, actifs comme l'idée – avant-coureurs de la foudre qui fend les chênes – venez roussir ma tête blanche ! Et toi, tonnerre exterminateur, écrase le globe massif du monde, brise les moules de la nature et détruis en un instant tous les germes qui font l'ingrate humanité.

(*Avec impatience.*) Vite, la réplique du fou ! (*Il tape du pied.*) Donne-moi vite la réplique du fou ! Je n'ai pas de temps à perdre !

NIKITA IVANITCH, *jouant le fou.*

Ô mon oncle, de l'eau bénite de cour dans une maison bien sèche vaudrait mieux que cette pluie en plein air. Rentre, bon oncle, et demande la charité à tes filles. Voilà une nuit qui n'épargne ni sages ni fous.

SVETLOVIDOV

Gronde de toutes tes entrailles !... Crache flamme, jaillis pluie !
Pluie, vent, foudre, flamme, vous n'êtes point mes filles :
Ô vous, éléments, je ne vous taxe pas d'ingratitude !
Jamais je ne vous ai donné de royaume, je ne vous ai pas appelés mes enfants !...

Quelle force ! Quel talent ! Quel artiste ! Voyons, autre chose... autre chose encore... Pour nous retremper dans le bon vieux temps... (*Avec un grand rire heureux.*) Risquons, *Hamlet !* Donc, je commence... Quoi choisir ? Voilà... ceci... (*Jouant Hamlet.*)

Ah ! les flageolets ! Voyons-en un.

(À Nikita Ivanitch.) Pourquoi donc cherchez-vous à me dérouter, comme si vous vouliez me pousser dans un filet ?

NIKITA IVANITCH

Oh ! monseigneur, si mon zèle est trop hardi, c'est que mon amour pour vous est trop sincère.

SVETLOVIDOV

Je ne comprends pas bien cela. Voulez-vous jouer de cette flûte ?

NIKITA IVANITCH

Monseigneur, je ne sais pas.

SVETLOVIDOV

Je vous en prie.

NIKITA IVANITCH

Je ne sais pas, je vous assure.

SVETLOVIDOV

Je vous en supplie.

NIKITA IVANITCH

J'ignore même comment on en touche, monseigneur.

SVETLOVIDOV

C'est aussi facile que de mentir. Promenez les doigts et le pouce sur ces soupapes, soufflez ici avec la bouche, et cela proférera la plus parfaite musique. Voyez, voici les trous.

NIKITA IVANITCH

Mais je ne puis forcer ces trous à exprimer aucune harmonie. Je n'ai pas ce talent.

SVETLOVIDOV

Eh bien, voyez maintenant combien peu de cas vous faites de moi. Vous voulez jouer de moi ; vous voulez avoir l'air de connaître mes trous ; vous voulez arracher l'âme de mon secret ; vous voulez me faire résonner tout entier, depuis la note la plus basse jusqu'au sommet de la gamme. Et, pourtant, ce petit instrument qui est plein de musique, qui a une voix excellente, vous ne pouvez pas le faire parler. Sang-dieu ! Croyez-vous qu'il soit plus aisé de jouer de moi que d'une flûte ? Prenez-moi pour l'instrument que vous voudrez, vous pourrez bien me froisser, mais vous ne saurez jamais jouer de moi. (*Il éclate de rire et applaudit.*)

Bravo ! Bis ! Bravo ! Qui parle de vieillesse ! Il n'y a pas de vieillesse qui tienne, c'est absurde, idiot ! C'est la vie qui jaillit par tous les pores ! La jeunesse, la fraîcheur, la vitalité ! Où il y a du talent, Nikitouchka, il n'y a pas de vieillesse ! Tu es renversé, Nikitouchka ? Sur le derrière ? Attends... Il faut que je me remette, moi aussi... Ah ! mon Dieu, mon Dieu ! Écoute un peu ça... quelle tendresse, quelle délicatesse, quelle musique ! Chut... Pas de bruit !

Silence d'une nuit d'Ukraine[1].
Clarté du ciel, éclat des astres.
Et l'air qui se refuse à vaincre
Sa langueur. À peine frissonne
La feuille aux peupliers d'argent...

1. Pouchkine : *Poltava*, traduction d'Elsa Triolet.

(*On entend le bruit de portes qu'on ouvre.*) Qu'est-ce que c'est ?

NIKITA IVANITCH

Probablement Pétrouchka et Égorka qui rentrent... Quel talent, Vassil Vassilitch ! Quel talent !

SVETLOVIDOV, *crie dans la direction du bruit.*

Par ici, mes éperviers ! (*À Nikita Ivanitch.*) Allons nous habiller... De quelle vieillesse peut-il être question, c'est absurde, idiot... (*Il rit joyeusement.*) Mais pourquoi pleures-tu ? Grosse bête, qu'est-ce que c'est que ces larmes ? Voyons, voyons ! Ça, c'est pas de jeu ! Pourquoi ce regard ? Voyons... (*Il l'entoure de ses bras et, à travers les larmes.*) Il ne faut pas pleurer... Là où il y a de l'art, du talent, il n'y a ni vieillesse, ni solitude, ni maladie, et la mort elle-même n'est la mort qu'à moitié... (*Il pleure.*) Non, Nikitouchka, notre chanson est finie. Moi, du talent ? Je ne suis qu'un citron pressé, une lavette, un clou rouillé, et toi, tu es un vieux rat de théâtre, un souffleur... Viens ! (*Ils vont vers la sortie.*) Moi, du talent ? Dans les pièces sérieuses je suis juste bon à figurer dans la suite de Fortinbras... et même pour cela je suis trop vieux... Oui... Tu te rappelles ce passage d'*Othello*, Nikitouchka ?

Adieu l'esprit tranquille ! adieu le contentement !
Adieu les troupes empanachées et les grandes guerres
qui font de l'ambition une vertu ! oh ! adieu !
Adieu le coursier qui hennit, et la stridente trompette,
et l'encourageant tambour, et le fifre assourdissant !
Adieu la bannière royale et toute la beauté, l'orgueil,
la pompe et l'attirail de la guerre glorieuse !

NIKITA IVANITCH

Quel talent !

SVETLOVIDOV

Ou encore ça...

Fuir Moscou ! Je le fuis sans esprit de retour[1],
Je cours sans un regard chercher par la nature,
Le refuge où cacher un outrage à l'amour.
Ma voiture, allons, ma voiture !

Il sort avec Nikita Ivanitch.

LE RIDEAU DESCEND LENTEMENT

1. Griboïédov : *Le Malheur d'avoir trop d'esprit,* traduction d'Elsa Triolet.

La demande en mariage

(1888-1889)

FARCE EN UN ACTE

PERSONNAGES

STÉPAN STÉPANOVITCH TCHOUBOUKOV, *propriétaire terrien.*

NATHALIA STÉPANOVNA, *sa fille, 25 ans.*

IVAN VASSILIÉVITCH LOMOV, *un voisin des Tchouboukov, également propriétaire terrien, un homme très bien nourri, très bien portant, mais s'imaginant malade.*

L'action se passe dans la propriété de Tchouboukov.
Un salon dans la maison de Tchouboukov.

SCÈNE I

TCHOUBOUKOV *et* LOMOV, *qui entre en habit et gants blancs.*

TCHOUBOUKOV, *allant à sa rencontre.*

Ma colombe ! Est-ce bien vous ! Ivan Vassiliévitch ! Comme je suis heureux ! (*Il lui serre la main.*) Pour une surprise, c'est une surprise, ma cocotte !... Comment ça va ?

LOMOV

Je vous remercie. Et vous-même, vous allez bien ?

TCHOUBOUKOV

On se défend, mon ange, on se défend, grâce à vos prières, etc. Asseyez-vous, je vous en supplie... C'est comme je vous le dis, ce n'est pas bien d'oublier ses voisins, ma cocotte. Mais pourquoi cette tenue de cérémonie ? En habit, gants blancs, etc. Où alliez-vous comme ça, mon trésor ?

LOMOV

Chez vous, cher et estimé Stépan Stépanitch.

TCHOUBOUKOV

Mais alors, pourquoi en habit, mon joli ? Comme en visite pour le premier de l'An !

LOMOV

Il s'agit, voyez-vous... (*Il met son bras sous le sien.*) Je viens chez vous, cher et estimé Stépan Stépanitch, je vous importune pour vous faire une demande. J'ai déjà eu maintes fois l'occasion de m'adresser à vous, et vous avez toujours, si j'ose dire... mais excusez-moi, je suis ému... Je vais boire un verre d'eau, cher et estimé Stépan Stépanitch. (*Il boit de l'eau.*)

TCHOUBOUKOV, *à part.*

Il va me demander de l'argent ! Il n'en aura pas ! (*À lui.*) De quoi s'agit-il, ma beauté ?

LOMOV

Voyez-vous, Estimé Stépanitch... pardon, Stépan Estiméitch... c'est-à-dire, je suis terriblement ému, comme vous pouvez vous en rendre compte. Bref, vous seul pouvez m'aider, bien que je ne l'aie pas mérité et que... que je n'aie pas le droit d'y compter...

TCHOUBOUKOV

Ah ! mais finissez-en avec les sauces, ma cocotte ! Dites les choses carrément ! Eh bien ?

LOMOV

J'y viens... Un moment. Il faut vous dire que je suis venu vous demander la main de votre fille, Nathalia Stépanovna.

TCHOUBOUKOV, *tout joyeux.*

Ma cocotte ! Ivan Vassiliévitch ! Répétez ce que vous venez de dire... j'ai peut-être mal compris !

LOMOV

J'ai l'honneur de vous demander...

TCHOUBOUKOV, *l'interrompant.*

Ma colombe... Je suis si heureux, etc. C'est comme je vous le dis, et ainsi de suite. (*Il le prend dans ses bras et lui donne un baiser.*) Je le souhaitais depuis longtemps. C'était mon désir le plus cher. (*Il essuie une larme.*) Et je vous ai toujours considéré comme un fils, mon cher ange. Aimez-vous et soyez heureux, etc., quant à moi, j'ai toujours souhaité que... Mais qu'est-ce que je fais là, imbécile ? Je me sens tout chose de joie, tout chose ! De toute mon âme... Je vais aller chercher Nathalia, et ainsi de suite...

LOMOV, *très touché.*

Cher et estimé Stépan Stépanitch, croyez-vous que je puisse espérer une réponse favorable de sa part ?

TCHOUBOUKOV

Un gaillard comme vous, et... et elle dirait non ?

Elle doit être amoureuse comme une chatte, et ainsi de suite... Un moment !

Il sort.

SCÈNE II

LOMOV, *seul.*

LOMOV

J'ai froid... Je tremble comme si je devais passer un examen. L'essentiel est de se décider. Quand on réfléchit trop longtemps, qu'on hésite, qu'on parle beaucoup, en attendant de trouver son idéal ou le grand amour, eh bien, on ne se marie jamais... Brr !... J'ai froid ! Nathalia Stépanovna est une parfaite femme d'intérieur, pas vilaine, instruite... Que me faut-il de plus ? Mais je suis tellement ému que j'en ai des bourdonnements d'oreille. (*Il boit de l'eau.*) Je ne peux pas ne pas me marier... Premièrement, j'ai déjà trente-cinq ans, un âge critique pour ainsi dire. Deuxièmement, il me faut mener une vie régulière, calme... J'ai une maladie de cœur, des palpitations sans arrêt, je suis coléreux et je me mets constamment dans tous mes états... Ainsi, en ce moment, j'ai les lèvres qui tremblent et la paupière droite qui saute... Mais, le plus terrible, chez moi, c'est le sommeil. À peine suis-je au lit, à peine je commence à m'endormir, que soudain, du côté gauche, vlan ! un coup de poignard ! Et ça file tout droit dans l'épaule et dans la tête... Je saute du lit comme un fou, je marche un peu de long en large, je me recouche, mais à peine le sommeil me prend, que ça recommence, vlan ! – un coup de poignard dans le côté... Et ainsi de suite, une vingtaine de fois...

SCÈNE III

NATHALIA STÉPANOVNA *et* LOMOV.

NATHALIA STÉPANOVNA, *entre.*

Mais... ! c'est vous ! Et papa qui me dit : « Va voir, il y a un marchand qui vient chercher la marchandise. » Bonjour, Ivan Vassiliévitch !

LOMOV

Bonjour, chère et estimée Nathalia Stépanovna !...

NATHALIA STÉPANOVNA

Excusez mon tablier, je ne suis pas habillée... Nous sommes en train d'écosser des petits pois pour les faire sécher. Il y a longtemps qu'on ne vous a vu... Asseyez-vous... (*Ils s'asseyent.*) Voulez-vous déjeuner ?

LOMOV

Je vous remercie, j'ai déjà mangé.

NATHALIA STÉPANOVNA

Fumez... Voici les allumettes... Il fait un temps superbe, ce n'est pas comme hier, il a tellement plu que les ouvriers n'ont rien fait de la journée. On a beaucoup fauché chez vous ? J'ai voulu trop bien faire et j'ai fait faucher le pré en entier, et maintenant je m'en mords les doigts, tout mon foin va pourrir. Il aurait mieux valu attendre. Mais qu'est-ce qui se passe ? On dirait que vous êtes en habit ? Eh bien ! Vous allez au bal, peut-être ?... Soit dit en passant, ça vous va très bien... Non, mais sérieusement, pourquoi cette élégance ?

LOMOV, *ému.*

Voyez-vous, chère et estimée Nathalia Stépanovna... Il faut que je vous dise que je me suis décidé à vous demander de m'entendre... Vous serez, sans aucun doute, étonnée, et même peut-être fâchée... Mais je... (*À part.*) J'ai affreusement froid !

NATHALIA STÉPANOVNA

De quoi s'agit-il ? (*Une pause.*) Eh bien ?

LOMOV

Je tâcherai d'être bref. Vous n'êtes pas sans savoir, chère et estimée Nathalia Stépanovna, que c'est depuis toujours, depuis l'âge le plus tendre, que j'ai l'honneur de connaître votre famille. Ma défunte tante et son époux, de qui, comme vous le savez, j'ai hérité les terres, ont toujours eu la plus grande estime pour votre papa et feu votre maman. La lignée des Lomov et celle des Tchouboukov ont toujours eu des rapports très amicaux et même, on pourrait dire, des sentiments de famille. Ajoutez à cela que mes terres touchent, comme vous le savez, directement aux vôtres. Vous vous rappelez peut-être que mes Prés du Bœuf sont à la limite de votre taillis de bouleaux.

NATHALIA STÉPANOVNA

Excusez-moi si je vous interromps... Vous dites : « mes Prés du Bœuf »... Ils sont donc à vous ?

LOMOV

Bien sûr...

NATHALIA STÉPANOVNA

Comment ça ! Les Prés du Bœuf sont à nous et non pas à vous !

LOMOV

Non, chère et estimée Nathalia Stépanovna, ils sont à moi.

NATHALIA STÉPANOVNA

Première nouvelle. Depuis quand sont-ils à vous ?

LOMOV

Comment, depuis quand ? Je parle des Prés du Bœuf qui viennent en pointe entre votre taillis de bouleaux et les Marais Brûlés.

NATHALIA STÉPANOVNA

C'est ça, c'est ça... Ils sont à nous.

LOMOV

Non, vous vous trompez, Nathalia Stépanovna, ils sont à moi.

NATHALIA STÉPANOVNA

Voyons, qu'est-ce qui vous prend, Ivan Vassiliévitch ! Mais depuis quand sont-ils à vous ?

LOMOV

Depuis quand ? Aussi loin que je m'en souvienne, du temps où j'étais enfant, ils ont toujours été à nous.

NATHALIA STÉPANOVNA

Ça alors, excusez-moi, non !

LOMOV

Cela ressort des actes, chère et estimée Nathalia Stépanovna. Il fut un temps où les Prés du Bœuf ont été en litige, c'est exact ; mais actuellement tout le monde sait qu'ils m'appartiennent. Ça ne se discute pas ! Voyez-vous, la grand-mère de ma tante avait donné ces prés en jouissance aux paysans du grand-père de votre papa, gratuitement et pour un temps limité, parce qu'ils lui mettaient ses briques au four. Les paysans du grand-père de votre papa jouissaient des prés gratuitement pendant quelque chose comme quarante ans et s'étaient habitués à les considérer comme les leurs, mais plus tard, quand a été publié le règlement cadastral…

NATHALIA STÉPANOVNA

Ça ne s'est pas du tout passé comme vous le racontez ! Et mon grand-père, et mon arrière-grand-père considéraient que leurs terres allaient jusqu'aux Marais Brûlés, c'est donc que les Prés du Bœuf étaient à nous. Je ne comprends pas ce que vous avez à discuter. Je dirai même que c'est agaçant.

LOMOV

Je vous montrerai les actes, Nathalia Stépanovna.

NATHALIA STÉPANOVNA

Non, vous plaisantez ou vous me taquinez... Une vraie surprise ! Un terrain vous appartient depuis quelque chose comme trois cents ans, et voilà qu'on vous déclare qu'il n'est pas à vous ! Ivan Vassiliévitch, excusez-moi, mais je n'en crois pas mes oreilles... Je n'y tiens pas à ces prés. Il y a peut-être cinq déciatines en tout, et ils valent à peine trois cents roubles, mais ce qui me révolte, c'est l'injustice. Vous pouvez dire ce que vous voulez, je détesterai toujours l'injustice.

LOMOV

Écoutez-moi jusqu'au bout, je vous en supplie ! Comme j'ai eu l'honneur de vous le dire, les paysans du grand-père de votre papa mettaient les briques au four pour la grand-mère de ma tante. La grand-mère de ma tante, voulant leur être agréable...

NATHALIA STÉPANOVNA

Grand-père, grand-mère, tante... Je n'y comprends rien ! Ces prés sont à nous, un point, c'est tout.

LOMOV

Ils sont à moi !

NATHALIA STÉPANOVNA

À nous ! Vous pouvez me sortir des preuves pendant deux jours, vous pouvez vous mettre quinze habits sur le dos, ils sont à nous, à nous... Je ne tiens ni à vous prendre votre bien ni à lâcher le mien... Vous m'excuserez !

LOMOV

Les Prés, Nathalia Stépanovna, je n'en ai pas besoin, mais c'est une question de principe. Si vous y tenez, je peux vous en faire cadeau.

NATHALIA STÉPANOVNA

C'est moi qui pourrais vous en faire cadeau, ils sont à moi !... Tout cela est pour le moins étrange, Ivan Vassiliévitch ! Jusqu'ici, nous vous avons considéré comme un bon voisin, un ami, l'année dernière on vous a prêté notre batteuse, ce qui nous a obligés de battre notre blé en novembre, et vous, vous nous traitez comme des tziganes. Vous me faites cadeau d'une terre qui m'appartient ! Excusez-moi, mais ce ne sont pas là des procédés de bon voisinage ! Et, à mon avis, c'est même de l'insolence, si vous voulez savoir...

LOMOV

Alors, à votre avis, je suis un usurpateur ? Mademoiselle, je ne me suis jamais emparé de terres qui ne m'appartenaient pas, et je ne permettrai à personne de m'en accuser... (*Il se verse précipitamment un verre d'eau et boit.*) Les Prés du Bœuf sont à moi !

NATHALIA STÉPANOVNA

Ce n'est pas vrai. Je vais vous le prouver. Je vais les faire faucher dès aujourd'hui, ces prés.

LOMOV

Comment ?

NATHALIA STÉPANOVNA

Mes faucheurs y seront dès aujourd'hui.

LOMOV

Ils auront mon pied quelque part.

NATHALIA STÉPANOVNA

Essayez pour voir !

LOMOV, *tâtant son cœur.*

Les Prés du Bœuf sont à moi ! C'est clair ? À moi !

NATHALIA STÉPANOVNA

Je vous prie de ne pas crier ! Criez et râlez chez vous tant que vous voulez, mais ici je vous prierai de rester dans les limites !

LOMOV

Mademoiselle, si je n'avais pas ces effroyables, ces douloureux battements de cœur, si je n'avais pas les veines de mes tempes qui éclatent, je vous aurais parlé tout autrement ! (*Il crie.*) Les Prés du Bœuf sont à moi !

NATHALIA STÉPANOVNA

À nous !

LOMOV

À moi !

NATHALIA STÉPANOVNA

À nous !

LOMOV

À moi !

SCÈNE IV

LES MÊMES *et* TCHOUBOUKOV

TCHOUBOUKOV, *entrant.*

Qu'est-ce qui se passe ? Pourquoi criez-vous comme ça ?

NATHALIA STÉPANOVNA

Papa, veux-tu dire à ce monsieur à qui appartiennent les Prés du Bœuf : à nous ou à lui ?

TCHOUBOUKOV

Ma cocotte, ces prés sont à nous !

LOMOV

Stépan Stépanitch, de grâce, comment ça, à vous ? Soyez raisonnable, vous au moins. La grand-mère de ma tante a donné ces prés en jouissance aux paysans de votre grand-père, gratuitement et pour un temps limité. Les paysans ont profité de cette terre pendant quarante ans et se sont habitués à la considérer comme la leur, mais lorsque a été publié le règlement...

TCHOUBOUKOV

Vous permettez, mon trésor... Vous oubliez que si les paysans ne payaient rien à votre grand-mère et ainsi de suite, c'est que les Prés étaient alors en litige, etc. Mais maintenant, le premier chien couchant vous dira qu'ils sont à nous. Vous n'avez donc pas regardé le cadastre !

LOMOV

Et moi, je vous prouverai qu'ils sont à moi !

TCHOUBOUKOV

Vous ne le pourrez pas.

LOMOV

Si, je le prouverai.

TCHOUBOUKOV

Mon gentil, il n'y a pas de raison de crier ! En criant vous ne prouverez rien, c'est comme je vous le dis. Je ne veux pas vous priver de quoi que ce soit, mais je n'ai pas l'intention non plus de perdre ce qui est à moi. Il ne manquerait plus que ça. Si vous le prenez ainsi, mon mignon, si vous avez l'intention de nous disputer les Prés et ainsi de suite, eh bien, j'en ferai plutôt cadeau aux moujiks qu'à vous. Voilà comment je vois les choses !

LOMOV

Je ne comprends rien ! De quel droit donneriez-vous ce qui ne vous appartient pas ?

TCHOUBOUKOV

Permettez-moi de juger si j'en ai le droit ou pas. C'est comme je vous le dis, jeune homme, je ne suis pas habitué à ce qu'on me parle sur ce ton, et ainsi de suite. J'ai le double de votre âge, jeune homme, et je vous demanderai de me parler sans agitation, et ainsi de suite.

LOMOV

Non, mais vous me prenez pour un imbécile, vous vous payez ma tête ! Vous prétendez qu'une terre qui m'appartient est à vous, et vous voulez encore que je garde mon sang-froid, et que je vous parle poliment ! Ce ne sont pas des procédés de bon voisinage, Stépan Stépanovitch. Vous n'êtes pas un voisin, mais un usurpateur !

TCHOUBOUKOV

Comment ? Qu'avez-vous dit ?

NATHALIA STÉPANOVNA

Papa, envoie immédiatement des hommes pour faucher les Prés !

TCHOUBOUKOV, *à Lomov.*

Voulez-vous répéter ce que vous avez dit, monsieur ?

NATHALIA STÉPANOVNA

Les Prés du Bœuf sont à nous, et je ne céderai pas là-dessus, je ne céderai pas, je ne céderai pas !

NATHALIA STÉPANOVNA

Allez, traînez-nous en justice ! On verra bien !

Lomov sort en titubant.

SCÈNE V

TCHOUBOUKOV *et* NATHALIA STÉPANOVNA.

TCHOUBOUKOV

Qu'il aille au diable ! (*Il déambule, tout retourné.*)

NATHALIA STÉPANOVNA

Ah ! le salaud ! Faites confiance après ça à de bons voisins !

TCHOUBOUKOV

Une canaille ! Un veau marin !

NATHALIA STÉPANOVNA

Affreux individu ! Il s'approprie nos terres et, par-dessus le marché, il nous insulte.

TCHOUBOUKOV

Et cet épouvantail, cette taie sur l'œil, et ainsi de suite, se permet encore de faire des demandes, etc. ! Hein ? des demandes !

NATHALIA STÉPANOVNA

Quelles demandes ?

TCHOUBOUKOV

Mais comment donc ! Il est venu pour te demander ta main.

NATHALIA STÉPANOVNA

Ma main ? À moi ? Mais pourquoi ne me l'as-tu pas dit plus tôt ?

TCHOUBOUKOV

Et il s'est mis en habit, pour l'occasion, sur son trente et un ! Espèce de saucisse ! Champignon de couche !

NATHALIA STÉPANOVNA

Ma main ? Une demande ? Ah ! (*Elle se laisse tomber dans un fauteuil et gémit.*) Ramenez-le ! Rappelez-le ! Ah ! Ramenez-le !

TCHOUBOUKOV

Rappeler qui ?

NATHALIA STÉPANOVNA

Vite, vite ! Je me trouve mal ! Ramenez-le ! (*Crise de nerfs.*)

TCHOUBOUKOV

Qu'est-ce qu'il y a ? Qu'est-ce que tu veux ? (*Il se prend la tête entre les mains.*) Pauvre malheureux que je suis ! Je vais m'envoyer une balle dans la peau ! Me pendre ! Je n'en peux plus…

NATHALIA STÉPANOVNA

Je meurs ! Ramenez-le !

TCHOUBOUKOV

Zut ! Tout de suite ! Cesse de brailler !

Il sort en courant.

NATHALIA STÉPANOVNA

Qu'avons-nous fait ? Ramenez-le ! Ramenez-le !

TCHOUBOUKOV, *entre en courant.*

Il vient, etc., que le diable l'emporte ! Ouf ! Parle-lui toi-même, moi, c'est comme je te le dis, je n'y tiens pas...

NATHALIA STÉPANOVNA, *gémit.*

Ramenez-le !

TCHOUBOUKOV, *crie.*

Il vient, je te dis. « Ah ! quel métier, Seigneur, que d'être le père d'une fille à marier[1] ! » Je vais me trancher la gorge ! c'est sûr ! On l'a insulté, cet homme, on l'a traîné dans la boue, chassé... et tout ça, c'est de ta faute à toi !

NATHALIA STÉPANOVNA

Non, à toi !

1. Citation du *Malheur d'avoir trop d'esprit*, de Griboïédov.

TCHOUBOUKOV

Et c'est encore moi le coupable, comme de juste ! (*Lomov apparaît dans la porte.*) Eh bien, parle-lui toi-même maintenant !

Il sort.

SCÈNE VI

NATHALIA STÉPANOVNA *et* LOMOV.

LOMOV, *entre, épuisé.*

Un battement de cœur effroyable. Je ne sens plus ma jambe… des coups de poignard dans le côté…

NATHALIA STÉPANOVNA

Pardonnez-nous, nous nous sommes un peu emportés, Ivan Vassiliévitch… Je me souviens maintenant, les Prés du Bœuf sont à vous, en effet…

LOMOV

J'ai le cœur qui bat d'une façon effrayante… Les Prés sont à moi… J'ai les deux paupières qui sautent…

NATHALIA STÉPANOVNA

Ils sont à vous, à vous, les Prés… Asseyez-vous… (*Ils s'asseyent.*) Nous avons eu tort.

LOMOV

C'est une question de principes… Je ne tiens pas à ce terrain, ce à quoi je tiens c'est aux principes…

NATHALIA STÉPANOVNA

C'est ça, les principes… Si on parlait d'autre chose ?

LOMOV

D'autant plus que j'ai des preuves. La grand-mère de ma tante a donné aux paysans du grand-père de votre papa…

NATHALIA STÉPANOVNA

Assez, assez, n'en parlons plus… (*À part.*) Je ne sais pas quoi lui dire… (*À lui*). Comptez-vous aller bientôt à la chasse ?

LOMOV

Je compte chasser le coq de bruyère, chère et estimée Nathalia Stépanovna, je pense commencer après la moisson… Ah ! On vous l'a peut-être déjà raconté ? Il m'arrive un malheur ! Mon Ougadaï, que vous connaissez, tire la patte.

NATHALIA STÉPANOVNA

Quel dommage ! Mais comment est-ce arrivé ?

LOMOV

Je ne sais pas… Une entorse, peut-être, ou alors il s'est fait mordre par d'autres chiens… (*Il soupire.*) Le meilleur des chiens, sans parler de l'argent ! Je l'ai payé cent vingt-cinq roubles, à Mironov.

NATHALIA STÉPANOVNA

Vous l'avez payé trop cher, Ivan Vassiliévitch !

LOMOV

À mon avis, c'est pour rien. Le chien est merveilleux.

NATHALIA STÉPANOVNA

Papa a payé son Otkataï quatre-vingt-cinq roubles, et Otkataï est bien supérieur à votre Ougadaï !

LOMOV

Otkataï est plus beau qu'Ougadaï ? Jamais de la vie ! (*Il rit.*) Otkataï supérieur à Ougadaï !

NATHALIA STÉPANOVNA

Naturellement ! Otkataï est jeune, c'est vrai, il n'est pas encore tout à fait déclaré sur la plume, mais comme ligne générale et pour ce qui est de la vitesse et du fond, Voltchanski lui-même n'en a pas de meilleur.

LOMOV

Permettez, Nathalia Stépanovna, vous oubliez que votre chien a un défaut dans les mâchoires, il est bégu, et un chien bégu ne prend pas.

NATHALIA STÉPANOVNA

Comment ? Il est bégu ? C'est bien la première fois que j'entends parler de ça !

LOMOV

Je vous assure qu'il a le maxillaire supérieur qui dépasse le maxillaire inférieur.

NATHALIA STÉPANOVNA

Vous les avez mesurés ?

LOMOV

Je les ai mesurés. Pour la quête, je ne dis pas, il peut faire l'affaire, mais pour mordre et rapporter, j'en doute...

NATHALIA STÉPANOVNA

Premièrement, notre Otkataï est un chien de pure race, de très grande race, c'est le fils de Zapriagaï et de Stamezka, tandis que votre espèce de bringé-moucheté, avant qu'on lui reconnaisse une race... Il est affreux comme une haridelle !

LOMOV

Un affreux comme celui-là je ne l'échangerais pas contre cinq de vos Otkataï... Comment peut-on ?... Ougadaï, ça c'est un chien ! tandis que, Otkataï... C'est simplement ridicule... Des chiens comme votre Otkataï, n'importe quel piqueur vous en vend treize à la douzaine. Vingt-cinq roubles, c'est tout ce que ça vaut.

NATHALIA STÉPANOVNA

Mais qu'est-ce que vous avez aujourd'hui, Ivan Vassiliévitch, vous êtes possédé par l'esprit de contradiction ! Tantôt vous inventez que les Prés sont à vous, tantôt vous prétendez qu'Ougadaï est plus beau qu'Otkataï. Je n'aime pas quand un homme ne dit pas ce qu'il pense. Vous savez parfaitement qu'Otkataï est cent fois supérieur à votre... votre corniaud d'Ougadaï, alors pourquoi dites-vous le contraire ?

LOMOV

Je vois, Nathalia Stépanovna, que vous me prenez pour un aveugle ou un imbécile. Voulez-vous comprendre que votre Otkataï ne prend pas !

NATHALIA STÉPANOVNA

C'est faux !

LOMOV

Il ne prend pas !

NATHALIA STÉPANOVNA, *crie*.

C'est faux !

LOMOV

Qu'avez-vous à crier comme ça, mademoiselle ?

NATHALIA STÉPANOVNA

Pourquoi dites-vous des choses absurdes ? C'est révoltant ! Votre Ougadaï, il est juste bon à abattre, et vous le comparez à Otkataï !

LOMOV

Vous m'excuserez si je ne continue pas cette discussion. J'ai un battement de cœur...

NATHALIA STÉPANOVNA

J'ai remarqué une chose : ce sont les chasseurs qui s'y connaissent le moins qui discutent le plus.

LOMOV

Mademoiselle, je vous demanderai de ne plus rien dire... J'ai le cœur qui éclate... (*Il crie.*) Voulez-vous vous taire !

NATHALIA STÉPANOVNA

Je ne me tairai pas tant que vous n'aurez pas admis qu'Otkataï est cent fois supérieur à votre Ougadaï !

LOMOV

Cent fois inférieur ! Qu'il crève, votre Otkataï ! Mes tempes... l'œil... l'épaule...

NATHALIA STÉPANOVNA

Et votre corniaud d'Ougadaï n'a pas besoin de crever, il est déjà à moitié mort.

LOMOV, *pleure.*

Taisez-vous ! Mon cœur va lâcher !

NATHALIA STÉPANOVNA

Je ne me tairai pas !

SCÈNE VII

LES MÊMES *et* TCHOUBOUKOV

TCHOUBOUKOV, *entrant.*

Qu'est-ce qu'il y a encore ?

NATHALIA STÉPANOVNA

Papa, dis, en toute franchise, honnêtement, lequel des deux chiens est un vrai limier : notre Otkataï ou son Ougadaï ?

LOMOV

Stépan Stépanovitch, je vous en supplie, dites cette seule chose : oui ou non, votre Otkataï est-il bégu ?

TCHOUBOUKOV

Et quand même il le serait ? Quelle importance ? Il n'y a de toute façon pas de chien plus beau dans toute la région, et ainsi de suite...

LOMOV

Mais mon Ougadaï est quand même bien supérieur, non ! Honnêtement !...

TCHOUBOUKOV

Ne vous énervez pas, mon trésor... Permettez... Votre Ougadaï a ses qualités, etc. Il est de race pure, il a le jarret bien harpé, le rein droit et musclé, et ainsi de suite. Mais ce chien a, si cela vous intéresse, ma beauté, deux défauts capitaux : il est vieux et il a le nez un peu court.

LOMOV

Excusez-moi, j'ai des palpitations... Prenons les faits... Essayez de vous rappeler comment sous les feuillées de Marousska, mon Ougadaï courait nez contre nez avec le Razmakhaï du comte, pendant que votre Otkataï était en arrière d'une verste.

TCHOUBOUKOV

Il était en arrière parce que le veneur du comte lui a donné un coup de cravache.

LOMOV

Il l'avait mérité. Tous les chiens coursaient le renard, et lui, le voilà parti sur un mouton !

TCHOUBOUKOV

Ce n'est pas vrai ! Je suis coléreux, ma colombe, et comme de juste je vous demande d'arrêter cette discussion. Il l'a cravaché parce que chacun est jaloux du chien qui n'est pas à lui... Oui ! Les gens sont haineux... Tous ! Et vous, monsieur, vous n'êtes pas blanc non plus ! À peine vous rendez-vous compte qu'il y a un chien supérieur à votre Ougadaï, et tout de suite vous vous mettez à... etc., et ainsi de suite... Je n'ai rien oublié, vous savez !

LOMOV

Moi non plus, je n'ai rien oublié !

TCHOUBOUKOV, *le singeant.*

« Je n'ai rien oublié ! » Qu'est-ce que c'est que vous n'avez pas oublié ?

LOMOV

Le cœur qui bat... la jambe morte... J'en peux plus.

NATHALIA STÉPANOVNA, *le singeant.*

« Le cœur qui bat... » Et ça s'appelle un chasseur ! Ça vous irait mieux de rester bien au chaud à compter les cafards que de courir après les renards. Le cœur qui bat...

TCHOUBOUKOV

C'est vrai, est-ce qu'on peut appeler ça un chasseur ? Quand on a des battements de cœur on reste chez soi et on ne grimpe pas sur le dos d'un cheval pour se faire ballotter sur une selle. Et si encore vous chassiez, mais vous venez à la chasse uniquement pour discuter, pour déranger les chiens des autres, et ainsi de suite. Laissons cette conversation, je suis un homme coléreux. Et comme de juste, vous n'êtes pas du tout un chasseur !

LOMOV

Et vous, vous êtes peut-être un chasseur ? Vous n'allez à la chasse que pour lécher les bottes du comte et intriguer... Le cœur ! Vous êtes un intrigant !

TCHOUBOUKOV

Comment ? Moi, un intrigant ? (*Il crie.*) Silence !

LOMOV

Un intrigant !

TCHOUBOUKOV

Galopin ! Blanc-bec !

LOMOV

Vieux rat ! Jésuite !

TCHOUBOUKOV

Tais-toi, ou je te descends avec une vulgaire carabine comme une perdrix ! Sauteur !

LOMOV

Tout le monde sait – ah ! mon cœur ! – que votre femme vous battait... La jambe... les tempes... des étincelles... Je tombe, je tombe !

TCHOUBOUKOV

Et toi, ta gouvernante te fait tourner en bourrique !

LOMOV

Voilà, ça y est !... Le cœur a éclaté ! L'épaule s'est détachée... Où est mon épaule ?... Je meurs ! (*Il tombe dans un fauteuil.*) Un médecin ! (*Il s'évanouit.*)

TCHOUBOUKOV

Galopin ! Blanc-bec ! Sauteur ! Je vais me trouver mal ! (*Il boit de l'eau.*) Très mal !

NATHALIA STÉPANOVNA

Vous, un chasseur ? Vous ne savez même pas monter à cheval ! (*À son père.*) Papa ! Qu'est-ce qu'il a ? Papa, regarde, papa ! (*Elle pousse un cri strident.*) Ivan Vassiliévitch ! Il est mort !

TCHOUBOUKOV

Je ne suis pas bien !... Je ne peux pas respirer !... De l'air !

NATHALIA STÉPANOVNA

Il est mort ! (*Elle secoue Lomov par la manche.*) Ivan Vassiliévitch ! Ivan Vassiliévitch ! Qu'avons-nous fait ! Il est mort ! (*Elle se laisse tomber dans un fauteuil.*) Un docteur ! Un docteur ! (*Crise de nerfs.*)

TCHOUBOUKOV

Oh la la ! Qu'est-ce qui se passe ? Qu'est-ce que tu veux ?

NATHALIA STÉPANOVNA, *gémit.*

Il est mort !... Mort !

TCHOUBOUKOV

Qui est mort ? (*Il jette un regard sur Lomov.*) Mais c'est qu'il est vraiment mort ! Seigneur Dieu ! De l'eau ! Un docteur ! (*Il approche un verre des lèvres de Lomov.*) Buvez... Non, il ne boit pas... C'est donc qu'il est bien mort, et ainsi de suite... Je suis le plus malheureux des hommes ! Pourquoi est-ce que je ne m'envoie pas une balle dans la peau ? Pourquoi est-ce que je ne me suis pas encore tranché la gorge ? Qu'est-ce que j'attends ? Donnez-moi un couteau ! Donnez-moi un pistolet ! (*Lomov bouge.*) Il se ranime, on dirait... Buvez un peu !... Voilà !

LOMOV

Des étincelles... un brouillard... Où suis-je ?

TCHOUBOUKOV

Dépêchez-vous de vous marier... et fichez le camp ! Elle est d'accord ! (*Il réunit les mains de Lomov et de sa fille.*) Elle est d'accord, etc. Je vous donne ma bénédiction et ainsi de suite... Je ne vous demande qu'une chose : de me laisser en paix !

LOMOV

Hein ? Comment ? (*Il se lève.*) Quoi ?

TCHOUBOUKOV

Elle est d'accord ! Alors ? Embrassez-vous et... allez au diable.

NATHALIA STÉPANOVNA, *gémit.*

Il est vivant... Oui, oui, je suis d'accord.

TCHOUBOUKOV

Embrassez-vous !

LOMOV

Hein ? Comment ? (*Lui et Nathalia Stépanovna s'embrassent.*) Charmé... Mais, un instant, qu'est-ce qui se passe ? Ah oui, je comprends... Le cœur... des étincelles... Je suis heureux, Nathalia Stépanovna... (*Il lui baise la main.*) J'ai une jambe morte...

NATHALIA STÉPANOVNA

Moi aussi... je suis, je suis... heureuse...

TCHOUBOUKOV

Ouf !... Un poids de moins.

NATHALIA STÉPANOVNA

Mais tout de même, reconnaissez au moins maintenant : Otkataï est mille fois supérieur à Ougadaï !

LOMOV

Inférieur !

NATHALIA STÉPANOVNA

Supérieur !

TCHOUBOUKOV

Voilà le bonheur conjugal qui commence ! Du champagne !

LOMOV

Inférieur !

NATHALIA STÉPANOVNA

Supérieur !

TCHOUBOUKOV, *essayant de couvrir leurs voix.*

Du champagne ! Du champagne !

RIDEAU

Le jubilé

(1891)

FARCE EN UN ACTE

PERSONNAGES

ANDRÉÏ ANDRÉEVITCH CHIPOUTCHINE, *président du Conseil d'administration de la Société du Crédit mutuel de N..., homme d'âge moyen, portant monocle.*

TATIANA ALEXÉEVNA, *sa femme, 25 ans.*

KOUZMA NICOLAÏÉVITCH KHIRINE, *vieux comptable de la banque.*

NASTASSIA FÉDOROVNA MERTCHOUTKINA, *une vieille, avec un vaste manteau crasseux.*

MEMBRES DU CONSEIL D'ADMINISTRATION.

EMPLOYÉS DE LA BANQUE.

L'action se passe à la banque du Crédit mutuel de N...

Le cabinet du président. À gauche, une porte donnant sur les locaux de la banque. Des tables-bureaux. Faux luxe : meubles recouverts de velours, fleurs, bronzes, tapis, téléphone. Il est midi.

KHIRINE, *seul ;*
il porte des bottes de feutre.

KHIRINE, *crie par la porte.*

Envoyez chercher à la pharmacie des gouttes calmantes pour quinze kopeks, et dites qu'on apporte de l'eau fraîche dans le bureau du directeur ! Il faut vous le répéter cent fois ! (*Il s'approche de la table.*) J'en peux plus ! Quatre jours et quatre nuits que je n'ai pas arrêté d'écrire, que je n'ai pas fermé l'œil ; du matin au soir, j'écris ici, et du soir au matin, chez moi, à la maison. (*Il tousse.*) Et avec ça, j'ai tout le corps en feu. Des frissons, la fièvre... je tousse, j'ai des courbatures, et quelque chose comme... des interjections devant les yeux. (*Il s'assied.*) Notre singe, ce salopiaud de président, fait aujourd'hui un exposé à l'assemblée générale : « Notre banque dans le présent et dans l'avenir. » Il se prend pour Gambetta, ou quoi... (*Il écrit.*) Deux... un... un... six... zéro... sept... Ensuite, six... zéro... un... six... Lui, il a envie de leur en mettre plein la vue, et moi il faut que je reste ici et que je trime pour lui comme un bagnard ! Il se contente, lui, de farcir son exposé d'envolées poétiques, et moi il faut que du matin au soir je m'appuie des chiffres, que le diable ait son âme !... (*Il fait claquer le boulier.*) Je ne peux pas le blairer ! (*Il écrit.*) Donc..., c'est un... trois... sept... deux... un... zéro... Il m'a promis une gratification... Si tout marche bien aujourd'hui et s'il réussit à faire avaler aux gens ses bobards, il m'a promis une médaille d'or et une prime de trois cents roubles. On verra bien. (*Il écrit.*) Mais si j'ai fait tout ce travail pour rien, alors, vieux frère, il ne faudra s'en prendre qu'à toi... Je suis coléreux... Et quand je suis en colère, vieux frère, je peux aller jusqu'au crime... Parfaitement !

En coulisse, bruits et applaudissements. La voix de Chipoutchine : « Merci ! Merci ! Je suis très touché ! » *Entre Chipoutchine, en habit et cravate blanche ; il tient à la main l'album qu'on vient de lui offrir.*

CHIPOUTCHINE, *à la porte, parlant vers l'extérieur.*

Ce présent, mes chers collaborateurs, je le garderai précieusement jusqu'à ma mort, comme un souvenir des jours les meilleurs de ma vie ! Oui, mes chers amis ! Je vous remercie encore une fois ! (*Il envoie un baiser vers l'extérieur et s'approche de Khirine.*) Mon cher, mon vénérable Kouzma Nicolaïévitch !

Pendant tout le temps qu'il est en scène, des employés viennent lui faire signer des papiers et sortent.

KHIRINE, *se levant.*

J'ai l'avantage de vous apporter, Andréï Andréïtch, mes félicitations pour le quinzième anniversaire de notre banque, et je vous souhaite de…

CHIPOUTCHINE, *lui serrant fortement la main.*

Je vous remercie, mon ami ! Je vous remercie ! À l'occasion mémorable de ce jubilé, on pourrait même s'embrasser !… (*Ils s'embrassent.*) Je suis très, très heureux ! Je vous remercie pour vos services… pour tout, pour tout ! Si, depuis que j'ai l'honneur d'être président du Conseil d'administration, j'ai pu réaliser quelque chose d'utile, j'en suis avant tout redevable à mes collaborateurs. (*Il soupire.*) Oui, mon vieux, quinze ans ! Quinze ans, parole de Chipoutchine ! (*Vivement.*) Comment marche mon exposé ? Ça avance ?

KHIRINE

Oui. Il ne me reste plus que cinq pages à faire.

CHIPOUTCHINE

Parfait. Alors, ça sera prêt pour trois heures ?

KHIRINE

Si personne ne me dérange, j'aurai fini. Il ne reste que peu de chose.

CHIPOUTCHINE

C'est parfait, parfait, parole de Chipoutchine ! L'assemblée générale est fixée pour quatre heures. Voulez-vous me donner la première moitié, mon vieux, pour que je puisse l'étudier un peu... Et dépêchez-vous. (*Il prend l'exposé.*) Je fonde beaucoup d'espoir sur cet exposé... C'est ma profession de foi, ou, mieux encore, mon feu d'artifice... Mon feu d'artifice, parole de Chipoutchine ! (*Il s'assied et parcourt des yeux l'exposé.*) Pour dire vrai, je suis affreusement fatigué... J'ai eu une petite attaque de goutte, cette nuit, et j'ai passé ma matinée à courir à droite et à gauche ; ensuite, toutes ces émotions, ces ovations, cette agitation... Je suis vanné.

KHIRINE, *écrivant.*

Deux... zéro... zéro... trois... neuf... deux... zéro... À cause de tous ces chiffres, je vois vert... Trois... un... six... quatre... un... cinq... (*Il fait claquer le boulier.*)

CHIPOUTCHINE

Et avec ça, des ennuis... Votre épouse est venue ce matin, pour se plaindre de vous une fois de plus. Elle dit qu'hier soir vous les avez poursuivies, elle et votre belle-sœur, un couteau à la main. Kouzma Nicolaïtch, qu'est-ce que c'est que cette conduite ? Aïe-aïe-aïe !

KHIRINE, *sévère.*

En l'honneur du jubilé, Andréï Andréïtch, je me permettrai de vous adresser une requête. Je vous prie, ne serait-ce que par égard pour mon travail de bagnard, de ne pas vous mêler de ma vie de famille. Instamment.

CHIPOUTCHINE, *soupire.*

Vous avez un caractère impossible, Kouzma Nicolaïtch ! Vous êtes un excellent homme, fort respectable, et vous vous conduisez avec les femmes comme Jack l'Éventreur lui-même. Je vous assure. Je ne comprends pas pourquoi vous les haïssez à ce point ?

KHIRINE

Et moi je ne comprends pas pourquoi vous les aimez à ce point ? (*Une pause.*)

CHIPOUTCHINE

Les employés viennent de m'offrir cet album, et les membres du Conseil d'administration ont – à ce que j'ai entendu dire – l'intention de m'adresser un compliment écrit et de m'offrir un vase en argent... (*Il joue avec son monocle.*) C'est parfait, parole de Chipoutchine ! Ça ne fera pas mal dans le tableau... Une certaine solennité est nécessaire à la réputation de la banque, que diable ! Étant de la maison, ce n'est certainement pas un secret pour vous que c'est moi qui ai composé le compliment, et que c'est aussi moi qui ai payé le vase en argent. Plus les quarante-cinq roubles pour la reliure du compliment, mais il faut ce qu'il faut. Ils n'y auraient jamais songé tout seuls. (*Coup d'œil circulaire.*) Quels meubles ! Non, mais regardez-moi cet ameublement ! On dit que je m'attache aux petites choses sans importance, par exemple, que les poignées des portes soient bien astiquées, que les employés portent des cravates à la mode, et qu'il y ait un portier imposant à la porte d'entrée. Eh bien, non, messieurs, les poignées de porte et le portier imposant ont leur importance. Je peux me permettre de me conduire en petit bourgeois, quand je suis chez moi, de manger et de dormir comme un cochon, d'abuser de l'alcool...

KHIRINE

Pas d'allusions s'il vous plaît !

CHIPOUTCHINE

Ah ! mais quelles allusions, il n'y a pas d'allusions ! Quel caractère impossible vous avez... Je disais donc que chez moi je peux être, si bon me semble, un petit bourgeois, un parvenu... avoir mes habitudes..., mais ici, tout doit être en grand... Ici, c'est une banque ! Ici, chaque détail doit pour ainsi dire en imposer, avoir de la majesté. (*Il ramasse par terre un bout de papier et le jette dans la cheminée.*) J'ai fait grandir la réputation de la banque, c'est bien là mon mérite !... Le « ton »... c'est une chose d'importance primordiale. Primordiale ! parole de Chipoutchine. (*Examinant Khirine.*) Mon cher, la délégation du Conseil d'administration peut arriver d'un moment à l'autre et vous êtes là avec vos bottes de feutre, avec ce cache-nez... et ce veston d'une couleur bizarre... Vous auriez bien pu vous mettre en habit, ou, du moins, en redingote noire...

KHIRINE

Ma santé m'est plus précieuse que vos membres du Conseil. J'ai tout le corps qui me brûle.

CHIPOUTCHINE, *agité.*

Mais convenez que c'est du désordre ! Vous détruisez l'harmonie générale de l'ensemble.

KHIRINE

Si la délégation arrivait, je peux me cacher, ne vous en faites donc pas... (*Il écrit.*) Sept... un... sept... deux... un... cinq... zéro... Moi non plus je n'aime pas le désordre... sept... deux... neuf... (*Il fait claquer son boulier.*) Je déteste le désordre ! Et, par exemple, vous feriez bien de ne pas inviter au banquet des dames...

CHIPOUTCHINE

Vous dites des bêtises...

KHIRINE

Je sais que pour faire chic vous allez en inviter plein la salle, mais méfiez-vous, elles vont vous mettre en l'air votre soirée. Tous les dommages et le désordre viennent d'elles.

CHIPOUTCHINE

C'est tout le contraire, la société des femmes vous ennoblit.

KHIRINE

Bien sûr... Votre épouse a de l'instruction, si je ne m'abuse, et pourtant, la semaine dernière, lundi, elle a émis une énormité telle, qu'il m'a fallu deux jours pour m'en remettre. Soudain, devant des étrangers, elle pose la question : « Est-ce vrai que mon mari a acheté pour la banque des actions de la Driajsco-

Priajski qui viennent de dégringoler en bourse ! Ah ! mon mari est si inquiet ! » Devant des étrangers ! Quel besoin avez-vous de leur faire des confidences ! Vous voulez qu'elles vous mettent sur le dos une affaire de droit commun ?

CHIPOUTCHINE

Assez, assez, voyons ! Tout cela est bien trop sombre pour un jour comme aujourd'hui. Mais vous me faites penser que mon épouse (*il consulte sa montre*) doit arriver d'un moment à l'autre. En fait, j'aurais dû aller la chercher à la gare, la pauvrette, mais je n'ai pas le temps et… et puis, je suis fatigué ! C'est-à-dire que j'en suis heureux, mais il m'aurait été agréable qu'elle passât encore un ou deux jours chez sa mère. Elle va exiger que je reste toute la soirée avec elle, or nous avions projeté pour après le banquet une petite excursion… (*Il a un frisson.*) Ah ! mais j'ai comme un tremblement nerveux. Les nerfs à fleur de peau, pour un peu, je me mettrais à pleurer ! Non, il faut être fort, parole de Chipoutchine !

Entre Tatiana Alexéevna, en waterproof, un sac de voyage en bandoulière.

CHIPOUTCHINE

Tiens ! Quand on parle du loup…

TATIANA ALEXÉEVNA

Chéri ! (*Elle court vers son mari. Long baiser.*)

CHIPOUTCHINE

On était justement en train de parler de toi. (*Il regarde sa montre.*)

TATIANA ALEXÉEVNA, *essoufflée.*

Tu t'es ennuyé sans moi ? Tu vas bien ? Je ne suis même pas passée par la maison, je viens directement de la gare. J'ai tant, tant de choses à te dire... Je n'y tiens plus. Je ne me débarrasse pas, je viens pour une minute. (*À Khirine.*) Bonjour, Kouzma Nicolaïtch ! (*À son mari.*) Tout va bien à la maison ?

CHIPOUTCHINE

Oui, oui... Tu as un peu engraissé pendant cette semaine, ça te va très bien... Alors, comment s'est passé ce voyage ?

TATIANA ALEXÉEVNA

Merveilleusement ! Maman et Katia te saluent bien. Vassili Andréïtch m'a dit de t'embrasser. (*Elle l'embrasse.*) Ma tante t'envoie un pot de confitures et tout le monde t'en veut parce que tu n'écris pas. Zina m'a dit de t'embrasser. (*Elle l'embrasse.*) Ah ! si tu savais ce qui s'est passé ! Ce qui s'est passé ! Ça me fait presque peur d'en parler ! Ah ! si tu savais ! Mais je vois dans tes yeux que tu n'es pas content de me voir !

CHIPOUTCHINE

Mais tout au contraire... Ma chérie... (*Il l'embrasse.*)

Khirine tousse avec humeur.

TATIANA ALEXÉEVNA, *soupire.*

Ah ! cette pauvre Katia, cette pauvre Katia ! Elle me fait tellement, tellement pitié !

CHIPOUTCHINE

Nous fêtons aujourd'hui l'anniversaire de la banque, ma chérie, j'attends d'un moment à l'autre la délégation du Conseil d'administration, et tu n'es pas habillée.

TATIANA ALEXÉEVNA

C'est pourtant vrai, c'est aujourd'hui le jubilé... Mes félicitations, messieurs... C'est donc ce soir l'assemblée, le banquet... Ça, ça me plaît. Et ce compliment que tu as mis si longtemps à composer ? C'est aujourd'hui qu'on va te le lire ?

Khirine tousse avec humeur.

CHIPOUTCHINE, *gêné.*

Chérie, ce sont des choses dont on ne parle pas... Il serait vraiment préférable que tu rentres.

TATIANA ALEXÉEVNA

Je m'en vais, je m'en vais ! Je te raconte tout en vitesse, et je m'en vais. Il faut que je commence par le commencement. Bien... Tu m'as accompagnée au train, alors tu te rappelles peut-être que je me suis assise à côté d'une dame assez forte, et je me suis mise à lire. Je n'aime pas faire la conversation dans le train. Il y a eu trois arrêts, et moi je lisais toujours, sans un mot avec personne ; la nuit est tombée et je commençais à avoir un de ces cafards ! En face de moi s'était assis un jeune homme, un brun, pas mal du tout... On s'est mis à bavarder. Ensuite sont venus se joindre à nous un marin, et un troisième, peut-être bien un étudiant. (*Elle rit.*) Je leur ai fait croire que je n'étais pas mariée... Ils m'ont fait une cour ! Nous avons bavardé jusqu'à minuit passé, le petit brun a raconté des histoires d'un drôle ! et le marin chantait tout le temps. J'avais mal dans la poitrine à force de rire. Et quand le marin – ah ! ces marins ! – a su par hasard que je m'appelais Tatiana, sais-tu ce qu'il s'est mis à chanter ? (*Elle chante d'une voix de basse.*) « Oniéguine, je t'avoue ma flamme, oui j'aime à la folie Tatiana !... »

Elle rit à gorge déployée. Khirine tousse avec humeur.

CHIPOUTCHINE

Je crois, Tanioucha, que nous dérangeons Kouzma Nicolaïtch. Rentre à la maison, chérie... Tu me raconteras tout ça plus tard...

TATIANA ALEXÉEVNA

Mais non, mais non, qu'il écoute, ça l'intéressera lui aussi. Je vais aller vite. C'est Sérioja qui est venu me chercher à la gare. Là, avait apparu un jeune homme... inspecteur des contributions ou quelque chose comme ça... assez mignon, surtout les yeux... Sérioja me l'a présenté, et nous sommes montés en voiture ensemble... Il faisait très beau...

Des voix dans la coulisse : « C'est interdit. On n'entre pas ! Que voulez-vous ? » *Entre Mertchoutkina.*

MERTCHOUTKINA, *dans la porte, se dégageant.*

Ne me touchez pas ! Qu'est-ce que c'est que ces manières ! Je veux le voir lui, personnellement ! (*À Chipoutchine, en entrant.*) J'ai bien l'honneur, Excellence... Nastassia Fédorovna Mertchoutkina, épouse de secrétaire départemental.

CHIPOUTCHINE

Vous désirez ?

MERTCHOUTKINA

Il faut que je vous dise, Excellence, que mon mari, Mertchoutkine, secrétaire départemental, a été malade pendant cinq mois, et comme il est resté tout ce temps chez lui, à se soigner, ils en ont profité pour le congédier, Excellence, et quand je suis allée toucher sa paye, ils y avaient retenu vingt-quatre roubles trente-six kopeks. Pour quelle raison, que je demande ? « Pour la raison, qu'ils me répondent, que votre mari a pris l'argent dans la caisse d'entraide, et il y en a qui se sont portés garants pour lui. » Comment ? Sans m'en avoir soufflé mot ? Ça ne se fait pas, Excellence ! Je ne suis qu'une pauvre femme sans ressources, je n'ai pour vivre que mes locataires. Une faible femme sans défense... Chacun profite de moi, personne ne me vient en aide...

CHIPOUTCHINE

Vous permettez... (*Il prend sa requête écrite et la lit, debout.*)

TATIANA ALEXÉEVNA, *à Khirine.*

Mais il faut que je commence par le commencement... La semaine dernière arrive une lettre de ma mère. Elle m'écrit qu'un certain Grandilevski a demandé en mariage ma sœur, Katia. Un excellent jeune homme, modeste et tout, mais sans fortune ni situation. Et, pour comble de malheur, imaginez-vous que Katia est tombée amoureuse de lui. Que faire ? Maman me demandait de venir immédiatement et de raisonner Katia.

KHIRINE, *sévère.*

Permettez... vous m'embrouillez ! Maman, Katia... en attendant je me suis embrouillé et je ne comprends plus rien.

TATIANA ALEXÉEVNA

Et puis après ! D'ailleurs quand une dame vous parle, il faut l'écouter ! Pourquoi êtes-vous si méchant aujourd'hui ? Vous êtes amoureux ?

CHIPOUTCHINE, *à Mertchoutkina.*

Voyons, mais de quoi s'agit-il ? Je ne comprends rien...

TATIANA ALEXÉEVNA

Vous êtes amoureux ? Aha ! Il a rougi !

CHIPOUTCHINE, *à sa femme.*

Tanioucha, veux-tu passer à côté, juste pour un moment. J'arrive tout de suite.

TATIANA ALEXÉEVNA

Très bien.

Elle sort.

CHIPOUTCHINE

Je ne comprends rien. Vous avez dû vous tromper d'adresse, madame. Votre demande n'a rien à voir avec nous. Ayez la bonté de vous adresser à l'administration où votre mari a travaillé.

MERTCHOUTKINA

J'ai déjà été à cinq endroits différents, petit père, et partout on a refusé même de me prendre mon papier. Je n'avais plus ma tête, quand mon gendre m'a donné l'idée de m'adresser à vous : « Allez donc voir M. Chipoutchine, maman, qu'il m'a dit, c'est un homme influent et qui peut tout... » Aidez-moi, Excellence !

CHIPOUTCHINE

Nous ne pouvons rien pour vous, madame Mertchoutkina. Veuillez comprendre : pour autant que je puisse me rendre compte, votre mari était employé au département militaire sanitaire, et nous, nous sommes une entreprise privée, commerciale, nous, nous sommes une banque. C'est pourtant simple.

MERTCHOUTKINA

Mon mari a été vraiment malade, Excellence. Je peux vous en apporter la preuve, j'ai un certificat médical. Le voilà, si vous voulez vous donner la peine.

CHIPOUTCHINE, *irrité.*

C'est parfait, je n'en doute pas, mais je vous répète que cela ne nous regarde pas.

En coulisse, le rire de Tatiana Alexéevna, suivi d'un rire masculin.

CHIPOUTCHINE, *avec un coup d'œil à la porte.*

Elle est en train de déranger les employés. (*À Mertchoutkina.*) C'est étrange et même ridicule. Comment est-ce possible que votre mari ne sache pas à qui vous devez vous adresser ?

MERTCHOUTKINA

C'est comme ça qu'il est, Excellence, il ne sait jamais rien, mon homme. Il n'arrête pas de répéter : « Mêle-toi de ce qui te regarde ! Fiche-moi le camp ! » Et c'est tout.

CHIPOUTCHINE

Encore une fois, madame, votre mari était employé au département militaire sanitaire, et ici c'est une banque, une entreprise privée, commerciale…

MERTCHOUTKINA

Exactement… je comprends, petit père. En ce cas,

Excellence, veuillez donner des ordres pour qu'on me paye, ne serait-ce que quinze roubles ! Je veux bien patienter pour le reste.

CHIPOUTCHINE, *soupire.*

Ah !…

KHIRINE

Andréï Andréïtch, si ça continue, je ne le terminerai jamais, cet exposé !

CHIPOUTCHINE

Un instant ! (*À Mertchoutkina.*) C'est pas facile de vous faire entrer quelque chose dans la tête. Voulez-vous comprendre qu'il est aussi étrange de vous adresser à nous, que d'aller demander le divorce à la pharmacie, ou dans un bureau de tabac.

On frappe à la porte. La voix de Tatiana Alexéevna : « André ! Je peux entrer ? »

CHIPOUTCHINE, *crie.*

Un instant, chérie ! (*À Mertchoutkina.*) On ne vous a pas payé votre dû, mais qu'est-ce que nous y pouvons ? Et de plus, madame, nous fêtons aujourd'hui un jubilé… On peut entrer ici à n'importe quel moment… Excusez-moi…

MERTCHOUTKINA

Excellence, ayez pitié d'une orpheline ! Je ne suis qu'une faible femme sans défense… J'en peux plus… Toute seule, et pour les procès avec les locataires, et à faire les démarches pour mon mari, et pour le ménage, et avec ça, mon gendre qui est sans travail...

CHIPOUTCHINE

Madame Mertchoutkina, je... Non, excusez-moi, je suis incapable de vous parler ! J'en ai le vertige... Vous nous dérangez, et vous perdez votre temps... (*Il soupire. À part.*) Elle est complètement bouchée, parole de Chipoutchine ! (*À Khirine.*) Kouzma Nicolaïévitch, voulez-vous expliquer à Mme Mertchoutkina...

Il fait un geste de la main et sort.

KHIRINE, *sévère, s'approche de Mertchoutkina.*

Que désirez-vous ?

MERTCHOUTKINA

Je ne suis qu'une faible femme sans défense. À me voir comme ça, on me croirait solide, mais à y regarder de plus près, je suis malade de partout ! Je ne tiens pas debout, je n'ai plus d'appétit. Même mon café, je l'ai pris aujourd'hui sans plaisir.

KHIRINE

Je vous demande : que désirez-vous ?

MERTCHOUTKINA

Faites-moi payer mes quinze roubles, petit père, pour le reste je patienterai bien un mois.

KHIRINE

On vous a pourtant clairement dit : ici, c'est une banque !

MERTCHOUTKINA

Exactement... Si c'est nécessaire, je peux présenter un certificat médical.

KHIRINE

Qu'est-ce que vous avez sur les épaules ? Une tête, ou quoi ?

MERTCHOUTKINA

Puisque je ne demande que ce qui me revient d'après la loi, mon petit. Et rien d'autre.

KHIRINE

Madame ! Je vous pose une question : qu'avez-vous sur les épaules – une tête, ou quoi ? D'ailleurs je n'ai pas de temps à perdre, que le diable m'emporte ! Je suis occupé. (*Il montre la porte.*) Par ici !

MERTCHOUTKINA, *avec étonnement*.

Et l'argent alors ?

KHIRINE

En un mot, ce que vous avez sur les épaules, ce n'est pas une tête, c'est ça... (*Il frappe du doigt sur la table, puis son propre front.*)

MERTCHOUTKINA, *vexée*.

Comment ? Tout doux, tout doux... Tu peux faire

ça à ta femme... Je ne suis pas n'importe qui... Avec moi, il faut faire attention !

KHIRINE, *s'emportant, à mi-voix.*

Sortez !

MERTCHOUTKINA

Tout doux, tout doux... Attention !

KHIRINE, *s'emportant, à mi-voix.*

Sortez !

MERTCHOUTKINA

Tout doux, tout doux... Attention !

KHIRINE, *à mi-voix*

Si tu ne fiches pas le camp immédiatement, j'envoie chercher le portier. Hors d'ici ! (*Il trépigne.*)

MERTCHOUTKINA

Ça va, ça va... J'ai pas peur... J'en ai vu d'autres comme toi... Craquelure !

KHIRINE

Je crois bien que je n'ai rien vu de plus dégoûtant de toute ma vie... Ouf ! J'ai tout le sang à la tête... (*Il est haletant.*) Je te dis encore une fois... Tu m'entends ! Si tu ne sors pas d'ici immédiatement, vieille chamelle, je vais te mettre en bouillie ! J'ai un caractère à te rendre infirme pour la vie ! Je peux commettre un crime.

MERTCHOUTKINA

Un chien qui aboie, le vent qui tournoie. J'ai pas peur. J'en ai vu d'autres comme toi.

KHIRINE, *désespéré.*

Je ne peux plus la voir ! Je vais me trouver mal ! J'en peux plus ! (*Il va au bureau et s'assied.*) On a laissé rentrer des bonnes femmes plein la banque, je ne le terminerai jamais ce rapport ! Je ne le peux pas !

MERTCHOUTKINA

Je ne demande que ce qui me revient d'après la loi. Éhonté, va ! Avec ses bottes en feutre, dans une administration... Moujik...

Entrent Chipoutchine et Tatiana Alexéevna.

TATIANA ALEXÉEVNA, *suivant son mari.*

Nous sommes donc allés à la soirée, chez les Berejnitzki. Katia avait mis une petite robe en foulard bleu ciel, avec un peu de dentelle légère, le cou dégagé... Coiffée en hauteur, ça lui va très bien, c'est moi-même qui l'ai coiffée. Elle était simplement ravissante !

CHIPOUTCHINE, *déjà souffrant d'une migraine.*

Oui, oui... ravissante... On peut venir d'une minute à l'autre...

MERTCHOUTKINA

Excellence !...

CHIPOUTCHINE, *accablé.*

Qu'est-ce qu'il y a encore ? Que désirez-vous ?

MERTCHOUTKINA

Excellence !... (*Elle désigne Khirine.*) Celui-là, celui-là, il s'est frappé du doigt la tête, et puis la table... Vous lui avez commandé de débrouiller mon affaire, et lui, il se paye ma tête et il me parle mal. Je ne suis qu'une faible femme sans défense...

CHIPOUTCHINE

Très bien, madame, je vais m'en occuper... prendre des mesures... Partez... plus tard... (*À part.*) Je sens venir une attaque de goutte !...

KHIRINE, *s'approchant de Chipoutchine, à voix basse.*

Andréï Andréïtch, j'envoie chercher le portier pour la vider ? C'est-il Dieu possible...

CHIPOUTCHINE, *effrayé.*

Non, non ! Elle va se mettre à brailler, et il y a plein de locataires dans la maison.

MERTCHOUTKINA

Excellence !...

KHIRINE, *plaintif.*

Mais il faut que je termine ce rapport ! Il ne sera jamais prêt !... (*Il retourne à sa table.*) Je n'en peux plus !

MERTCHOUTKINA

Alors, quand est-ce que je vais le toucher, Excellence ? J'en ai besoin pour aujourd'hui.

CHIPOUTCHINE, *à part, avec indignation.*

Cette bonne femme est extra-or-di-nairement enquiquinante ! (*À elle, avec douceur.*) Madame, je vous l'ai déjà dit, ici c'est une banque, une entreprise privée, commerciale...

MERTCHOUTKINA

Faites-moi cette faveur, Excellence, un vrai père que vous seriez pour moi... Si le certificat médical ne suffit pas, je peux apporter une attestation du commissariat. Voulez-vous donner des ordres pour que je sois payée !

CHIPOUTCHINE, *respirant avec difficulté.*

Ouf !

TATIANA ALEXÉEVNA

Grand-mère, puisqu'on vous dit que vous dérangez tout le monde. Vous êtes drôle, tout de même !

MERTCHOUTKINA

Ma toute belle, ma petite mère, je n'ai personne pour me défendre. On croirait comme ça que je mange, que je bois, mais même mon café je l'ai avalé aujourd'hui sans plaisir.

CHIPOUTCHINE, *épuisé, à Mertchoutkina.*

Combien voulez-vous toucher ?

MERTCHOUTKINA

Vingt-quatre roubles trente-six kopeks.

CHIPOUTCHINE

Bon !... (*Il prend dans son portefeuille vingt-cinq roubles et les lui donne.*) Voici vingt-cinq roubles. Prenez-les et... partez !

Khirine tousse avec colère.

MERTCHOUTKINA

Je vous en remercie, Excellence... (*Elle emporte l'argent.*)

TATIANA ALEXÉEVNA, *s'asseyant auprès de son mari.*

Il faut que je rentre... (*Elle consulte sa montre.*) Mais je ne t'ai pas encore tout dit... J'en ai pour une minute, et puis je m'en vais. Si tu savais ce qui s'est passé ! Si tu savais ! Nous sommes donc partis chez les Berejnitzki... Ce n'était pas mal, on s'est amusé, modérément... Le soupirant de Katia, Grandilevski, y était aussi, bien sûr... J'avais parlé à Katia, j'ai un peu pleuré, je l'ai raisonnée, et à la soirée, là même, elle a eu une explication avec lui et lui a dit non ! Eh bien, me suis-je dit, tout s'arrange on ne peut mieux : j'ai calmé maman, j'ai sauvé Katia, me voilà tranquille... Mais, imagine-toi... Avant de souper, nous descendions l'allée avec Katia, quand soudain... (*Bouleversée.*) Quand soudain... un coup de feu... Non, je ne peux pas en parler calmement ! (*Elle s'évente avec son mouchoir.*) Non, je ne peux pas !

CHIPOUTCHINE, *soupire.*

Ouf !

TATIANA ALEXÉEVNA, *pleurant.*

Nous arrivons à la tonnelle, en courant, et là... là, par terre, ce pauvre Grandilevski... un pistolet à la main...

CHIPOUTCHINE

Non, c'est trop pour moi ! C'est trop ! (*À Mertchoutkina.*) Que voulez-vous encore ?

MERTCHOUTKINA

Vous ne pourriez pas lui rendre sa place, à mon mari, Excellence ?

TATIANA ALEXÉEVNA, *pleure.*

Il s'est tiré un coup de revolver en plein cœur... ici... Katia est tombée, sans connaissance, la pauvre... Et lui aussi, il a eu affreusement peur, il était là, par terre, et il suppliait... il suppliait qu'on envoie chercher le docteur... Le docteur est arrivé aussitôt, et... et il a sauvé le désespéré...

MERTCHOUTKINA

Vous ne pourriez pas lui rendre sa place, à mon mari, Excellence ?

CHIPOUTCHINE

Non, c'est trop pour moi ! (*Il pleure.*) C'est trop ! (*Au désespoir, il tend les deux bras vers Khirine.*) Chassez-la ! Je vous en supplie, chassez-la !

KHIRINE, *s'approchant de Tatiana Alexéevna.*

Hors d'ici !

CHIPOUTCHINE

Non, pas celle-là... l'autre, l'abominable... (*Il désigne Mertchoutkina.*) Celle-ci !

KHIRINE, *ne le comprenant pas.*

Hors d'ici ! (*Trépignant.*) Allez, sortez !

TATIANA ALEXÉEVNA

Comment ? Qu'est-ce qui vous prend ? Vous êtes fou ?

CHIPOUTCHINE

C'est affreux ! Je suis le plus malheureux des hommes ! Chassez-la ! Chassez-la !

KHIRINE, *à Tatiana Alexéevna.*

Hors d'ici ! Je vais la démolir ! L'écrabouiller ! Il y aura crime !

TATIANA ALEXÉEVNA, *se sauvant de Khirine qui la poursuit.*

Comment osez-vous ! Insolent ! (*Elle crie.*) André ! Au secours ! André ! (*Elle pousse un cri strident.*)

CHIPOUTCHINE, *courant après eux.*

Arrêtez-vous ! Je vous en supplie ! Assez ! Ayez pitié de moi !

KHIRINE, *poursuivant Mertchoutkina.*

Hors d'ici ! Attrapez-la ! Tapez-lui dessus ! Égorgez-la !

CHIPOUTCHINE

Arrêtez ! Je vous en prie ! Je vous en supplie !

MERTCHOUTKINA

Mon Dieu... Mon Dieu ! (*Elle pousse un hurlement.*) Mon Dieu !...

TATIANA ALEXÉEVNA, *crie.*

Au secours ! Au secours ! Ah !... ah !... Je m'évanouis !

Elle saute sur une chaise, puis se laisse tomber sur le divan, et gémit, comme inconsciente.

KHIRINE, *poursuivant Mertchoutkina.*

Tapez-lui dessus ! Écharpez-la ! Égorgez-la !

MERTCHOUTKINA

Ah ! ah... Mon Dieu, je n'y vois plus ! Ah !

Elle tombe, évanouie, dans les bras de Chipoutchine.

On frappe à la porte. Une voix, en coulisse : « La délégation. »

CHIPOUTCHINE

Délégation... réputation... occupation...

KHIRINE, *trépignant.*

Hors d'ici, que le diable m'emporte ! (*Il retrousse ses manches.*) Donnez-la-moi ! Je veux commettre un crime !

Entre la délégation du Conseil d'administration, composée de cinq membres, tous en habit. L'un porte le « compliment » en reliure de velours, un autre, le vase d'argent. Dans la porte sont massés les employés de la banque. Tatiana Alexéevna est sur le divan, Mertchoutkina dans les bras de Chipoutchine. Toutes les deux gémissent doucement.

UN DÉLÉGUÉ, *lit à haute voix.*

Cher et estimé Andréï Andréïtch ! Jetant un regard rétrospectif sur le passé de notre organisme financier, et parcourant d'un regard spirituel l'histoire de son développement graduel, nous en recevons une impression hautement favorable. Il est exact qu'à ses débuts, le chiffre modeste de son capital de base, le manque total d'opérations d'envergure, tout comme l'absence de buts bien définis, posaient de façon catégorique la question de Hamlet : « Être ou ne pas être ? » Et il fut un temps où des voix s'élevaient pour demander la fermeture de la banque. Mais voilà que vous en preniez la direction. L'étendue de vos connaissances, votre énergie, et le tact qui vous est propre, ont été les raisons de son succès extraordinaire, comme de son épanouissement sans précédent. La réputation de la banque... (*Il tousse.*) La réputation de la banque...

MERTCHOUTKINA, *gémit*.

Oh ! oh !

TATIANA ALEXÉEVNA, *gémit*.

De l'eau ! De l'eau !

LE DÉLÉGUÉ, *continue*.

La réputation… (*Il tousse.*) La réputation de la banque a été, grâce à vous, élevée à un niveau qui lui permet aujourd'hui de concurrencer les entreprises étrangères les plus réputées…

CHIPOUTCHINE

Députation… réputation… occupation… en France s'en allaient deux grenadiers… Ne me dis pas, qu'as-tu fait de ta vie, et que ma jalousie est ton tourment…

LE DÉLÉGUÉ, *continue, embarrassé*.

Ensuite, jetant un regard objectif sur le présent, nous pouvons dire, cher et estimé Andréï Andréïtch… (*Baissant la voix.*) Dans ces conditions, il serait peut-être préférable, que nous revenions plus tard… Il serait préférable, plus tard…

Ils sortent, dans la confusion.

RIDEAU

Les méfaits du tabac

(1902)

SCÈNE-MONOLOGUE EN UN ACTE

LE PERSONNAGE

IVAN IVANOVITCH NIOUKHINE, *mari de sa femme, directrice d'une école de musique et d'un pensionnat pour jeunes filles.*

La scène représente l'estrade d'un cercle provincial.

NIOUKHINE, *longs favoris, pas de moustaches, un vieil habit râpé sur le dos ; il entre avec majesté, salue et arrange son gilet.*

Mesdames... et, en quelque sorte, messieurs... (*Lissant ses favoris.*) On avait demandé à ma femme que je fasse ici une conférence sur un sujet ou un autre, et dans un but de bienfaisance. Et donc, va pour une conférence, en ce qui me concerne, cela m'est bien égal. Évidemment, je ne suis pas professeur, et loin de moi tout titre scientifique, nonobstant, voilà trente ans déjà que je travaille on peut dire sans discontinuer et au détriment de ma santé, etc., sur des questions de caractère strictement scientifique, j'y réfléchis et j'écris, imaginez-vous, des articles scientifiques, c'est-à-dire, non pas vraiment scientifiques, mais, passez-moi l'expression, comme qui dirait scientifiques. Ces jours-ci j'ai, entre autres, écrit un immense article, intitulé : « Sur la nocivité de certains insectes. » Mes filles l'ont beaucoup apprécié, et, en particulier, la partie où il est question de punaises, mais moi, après l'avoir lu, je l'ai déchiré. De toute façon et quoi qu'on écrive, on ne peut se passer de poudre insecticide. Chez nous, il y a des punaises jusque dans le piano... Aujourd'hui, le sujet de ma conférence sera le danger que représente pour l'humanité l'usage du tabac. En ce qui me concerne, je fume, mais ma femme m'a dit de faire ma conférence sur les méfaits du tabac, alors, il n'y a plus à discuter. Va pour le tabac, cela m'est bien égal ; quant à vous, chers messieurs, je vous proposerai d'écouter ladite conférence avec tout le sérieux qui s'impose, sans quoi, on ne sait jamais. Ceux qui craignent la sécheresse d'un exposé scientifique, ceux qui n'aiment pas ça, peuvent ne pas m'écouter et sortir. (*Il arrange son gilet.*) Je m'adresse tout particulièrement aux médecins ici présents, je leur demande toute leur attention, car ils pourront glaner dans ma conférence des renseignements utiles, le tabac, en dehors de ses méfaits, s'employant aussi en médecine. Ainsi, par exemple, si on enfermait une mouche dans une tabatière, il se pourrait qu'elle y crève de dépression nerveuse. Le tabac, c'est, principalement, une plante... Lorsque je fais une conférence, j'ai habituellement l'œil droit qui se met à cligner, n'y faites pas attention, c'est l'émotion. Je suis un homme très nerveux en général, et je me suis mis à cligner de l'œil, en 1889, le 13 septembre, le jour même où ma femme a, en quelque sorte, donné le jour à sa quatrième fille, Varvara. Mais (*il regarde sa montre*) comme je n'ai que peu de temps, ne dévions pas du sujet de la conférence. J'attire votre attention sur le fait que ma femme dirige une école de musique et un pensionnat pour jeunes filles, c'est-à-dire, pas vraiment un pensionnat, mais tout comme. Entre nous, ma femme aime pleurer misère, mais en fait elle a mis de côté un petit magot de quarante ou cinquante mille roubles, tandis que moi je n'ai pas un sou vaillant – enfin que voulez-vous... Je suis l'économe du pensionnat. J'achète les provisions, je surveille les domestiques, je marque les dépenses, je confectionne les cahiers, je fais la chasse aux punaises, je promène le petit chien de ma femme, j'attrape les souris... Hier soir, j'ai pesé la farine et le beurre pour la cuisinière, car on devait faire des crêpes. Bref, aujourd'hui, quand les crêpes étaient prêtes, ma femme est venue à la cuisine annoncer que trois de ses pensionnaires, souffrant des amygdales, ne mangeraient pas de crêpes. C'est pourquoi nous avions quelques crêpes de trop. Que fallait-il en faire ? Ma femme a tout d'abord donné l'ordre de les mettre à la cave, mais, après réflexion, elle a changé d'avis et a dit : « Mange-les toi-même, espèce d'empaillé. » Quand elle est de mauvaise humeur, elle me traite d'empaillé ou de monstre ou de démon. Qu'est-ce que j'ai de démoniaque, pourtant ? Elle est toujours de mauvaise humeur. Et, ces crêpes, je ne les ai pas mangées, mais avalées sans mastiquer, parce que j'ai toujours faim. Hier, par exemple, elle ne m'a pas permis de dîner : « Il n'y a pas de raison de te nourrir, espèce d'empaillé... » Mais (*il regarde sa montre*) nous bavardons, nous bavardons, et nous nous sommes un peu éloignés du sujet. Continuons. Bien que vous auriez sûrement préféré entendre une romance, ou comme qui dirait une symphonie, ou un air d'opéra... (*Il chante.*) « Au cœur du combat, nous ne cillerons pas... » Je ne me rappelle plus d'où ça sort... À propos, j'ai oublié de vous dire qu'à l'école de musique de ma femme, en dehors de mes obligations domestiques, je suis également chargé d'enseigner les mathématiques, la chimie, la géographie, l'histoire, le solfège, la littérature, etc. Pour les leçons de danse, de chant, de dessin, ma femme fait payer un supplément, bien que ce soit également moi qui enseigne. Notre école de musique est située dans l'impasse des Cinq-Chiens, au numéro 13, et notre maison a 13 fenêtres... que voulez-vous... Enfin. Pour tous renseignements, adressez-vous à ma femme, que vous trouverez chez elle à n'importe quelle heure, quant au programme de l'école, vous pouvez, si vous le désirez, vous en procurer chez le concierge, à raison de 30 kopeks l'exemplaire. (*Il sort de sa poche quelques brochures.*) Je peux vous en céder quelques-uns moi-même. 30 kopeks l'exemplaire ! Personne n'en veut ? (*Une pause.*) Personne ? Bon, 20 kopeks pièce ! (*Une pause.*) Tant pis. Oui, nous habitons au numéro 13. Je ne réussis jamais rien, j'ai vieilli, je me suis abruti... Me voilà en train de faire une conférence, et j'ai l'air content comme ça, quand, en réalité, j'ai envie de hurler, ou de me trouver à mille lieues d'ici. Et personne à qui vider mon cœur... c'est à en pleurer... Vous me direz, vos filles... Les filles ? Quand je leur en parle, ça les fait rire, et c'est tout... Ma femme a sept filles... Non, excusez-moi, six, si je ne me trompe... (*Vivement.*) Sept ! L'aînée, Anna, a vingt-sept ans, la plus jeune en a dix-sept. Messieurs... Mesdames... (*Après un coup d'œil vers la coulisse.*) Je suis malheureux, je ne suis plus qu'un abruti, qu'un minus, mais, en fait, vous avez devant vous le plus heureux des pères. En fait, cela devrait être ainsi, et je ne saurais dire autre chose. Si vous saviez ! J'ai vécu avec ma femme trente-trois ans, et je dois dire que c'étaient là les années les plus heureuses de ma vie, pas vraiment les plus heureuses, mais je parle en général. Elles se sont évanouies comme un seul, bref instant de bonheur, que le diable les emporte. (*Un coup d'œil vers la coulisse.*) Mais je crois bien qu'elle n'est pas encore arrivée, elle n'est pas là, et je peux dire tout ce que bon me semble... J'ai horriblement peur, peur de son regard. Oui, c'est bien comme je le dis : mes filles ne se marient pas, parce qu'elles sont timides, et parce que les hommes ne les voient jamais. Ma femme ne veut pas donner de soirées, elle n'invite jamais personne à un repas, c'est une dame très avare, hargneuse et méchante, c'est pourquoi personne ne vient jamais nous voir, mais... je vais vous le dire sous le sceau du secret... (*Il s'approche de la rampe.*) On peut rencontrer les filles de ma femme lors des grandes fêtes de l'année chez leur tante, Nathalia Sémionovna, celle qui a des rhumatismes et porte une sorte de robe jaune à dessins noirs, à croire qu'elle est couverte de cafards. Chez elle, on sert des hors-d'œuvre, et, quand ma femme n'y est pas, on peut même se permettre de... (*Il fait le geste de boire.*) Il faut vous dire qu'il me suffit d'un petit verre pour être ivre, et cela me fait chaud au cœur, et en même temps ça me rend si triste que je ne saurais même pas l'exprimer ; soudain, on ne sait trop pourquoi, votre jeunesse vous remonte et on ne sait trop pourquoi on a envie de prendre la fuite, ah ! si vous saviez comme on peut en avoir envie ! (*S'enflammant.*) Fuir, laisser tomber tout ça, et fuir sans se retourner... où ? N'importe où, pourvu qu'on se sorte de cette sale petite vie sordide, de cette vie au rabais qui a fait de moi un vieil imbécile pitoyable, un pitoyable vieil idiot, fuir cette bonne femme avare, sotte, mesquine, méchante, méchante, méchante, fuir ma femme qui m'a tourmenté pendant trente-trois ans, fuir la musique, la cuisine, l'argent de ma femme, fuir toutes ces sottises, toute cette vulgarité... et s'arrêter quelque part très, très loin, au milieu d'un champ, rester debout, comme un arbre, un poteau, un épouvantail de potager, sous un grand ciel, et toute la nuit contempler, au-dessus de sa tête, le croissant de lune, calme et serein, et oublier, oublier... Oh ! comme j'aurais aimé ne plus me souvenir !... Comme j'aurais voulu m'arracher ce sale habit râpé, que je portais à mon mariage, il y a trente ans... (*il arrache son habit*) que je porte toujours quand je fais des conférences dans un but de bienfaisance... Tiens, voilà pour toi ! (*Il piétine son habit.*) Voilà pour toi ! Je suis vieux, pauvre, minable comme ce gilet avec son dos usé, élimé... (*Il montre son dos.*) Je ne demande rien ! Je suis au-dessus de tout cela, plus propre que ça, il fut un temps, j'étais jeune, intelligent, je faisais mes études à l'Université, je rêvais, je me considérais comme un être humain... Maintenant, je ne demande plus rien ! Rien que le repos... que le repos. (*Il jette un coup d'œil vers la coulisse et remet rapidement son habit.*) Cependant, voilà ma femme qui arrive dans les coulisses... Elle y est, et elle m'y attend... (*Il regarde sa montre.*) Il est l'heure... Si elle vous demandait quelque chose, dites-lui, je vous prie, que la conférence a eu lieu... que l'espèce d'empaillé, c'est-à-dire moi, s'est tenu convenablement. (*Il jette un coup d'œil dans la coulisse, s'éclaircit la voix.*) Elle regarde par ici... (*Il élève la voix.*) À partir de la donnée que le tabac contient le poison terrible, dont je viens de vous parler, il découle qu'il ne faut fumer sous aucun prétexte, et je me permettrais en quelque sorte d'espérer que la conférence sur

« les méfaits du tabac », que je viens de faire, aura eu son utilité. C'est tout ce que j'avais à dire. *Dixi et animam levavi !*

Il salue et sort avec majesté.

RIDEAU

Composition Nord compo
Impression Novoprint
à Barcelone, le 05 décembre 2016
Dépôt légal : décembre 2016

ISBN 978-2-07-270529-8 / Imprimé en Espagne

310743